国家出版基金项目
NATIONAL PUBLICATION FOUNDATION

General Textual Research
on Dissemination of Editions of
Marxist Classical Works

马克思主义经典文献传播通考

杨金海　李惠斌　艾四林　主编

姚颖　著

《马恩通信选集》柯柏年、艾思奇、景林译本考

辽宁人民出版社

ⓒ 姚颖 2020

图书在版编目（CIP）数据

《马恩通信选集》柯柏年、艾思奇、景林译本考 /
姚颖著. —沈阳：辽宁人民出版社，2020.12
（马克思主义经典文献传播通考 / 杨金海，李惠斌，
艾四林主编）
ISBN 978-7-205-10000-1

Ⅰ. ①马… Ⅱ. ①姚… Ⅲ. ①《马恩通信选集》—
马恩著作研究 Ⅳ. ①A811.1

中国版本图书馆CIP数据核字（2020）第221886号

出版发行：辽宁人民出版社
　　　　　地址：沈阳市和平区十一纬路25号　　邮编：110003
　　　　　电话：024-23284321（邮　购）　　024-23284324（发行部）
　　　　　传真：024-23284191（发行部）　　024-23284304（办公室）
　　　　　http://www.lnpph.com.cn
印　　刷：辽宁新华印务有限公司
幅面尺寸：160mm×230mm
印　　张：18.5
字　　数：220千字
出版时间：2020年12月第1版
印刷时间：2020年12月第1次印刷
责任编辑：王　琳
装帧设计：晓笛设计工作室　舒刚卫
责任校对：耿　珺
书　　号：ISBN 978-7-205-10000-1

定　　价：88.00元

马克思主义经典文献传播通考

编辑委员会

出版委员会

主　任：张卫峰　杨建军

副主任：张东平　和　龚　杨永富

委　员（以姓氏笔画为序）：

刘建国　许科甲　李红岩　李援朝　杨永富　杨建军　杨贵华

张　洪　张卫峰　张东平　和　龚　武国友　柳建辉　徐　步

聂震宁　黄如军　蔡文祥　魏玉山

本丛书研究得到"教育部哲学社会科学研究重大专项资助"

总序

　　呈献给读者的这套"马克思主义经典文献传播通考"，旨在立足于21世纪中国和世界发展的历史高度，对我国1949年以前马克思、恩格斯、列宁等重要著作的中文版本进行收集整理，并作适当的版本、文本考证研究，供广大读者特别是致力于深入研究马克思主义经典作家原著的读者阅读使用。计划出版100种，4年内陆续完成编写和出版工作。

一、"马克思主义经典文献传播通考"概念界定

　　"马克思主义经典文献传播通考"在我国学术界是一个全新的概念。之所以这样说，是因为过去从未有人用过这一术语，甚至未曾有过这一理念。在我国学术界，对中国传统经典文献的考据乃至通考性的整理研究并不鲜见，包括对儒、释、道等经典的通考性整理研究成果十分丰富，但对近百年来中文版马克思主义经典文献的考据以及整理性研究只是近年来才逐渐为人们所认识，至于在此基础上的通考性整理研究还几乎没有进入人们的视野。所以，首先有必要对这里所说的"马克思主义经典文献传播通考"这一概念

的含义进行说明。

第一，这里所说的"马克思主义经典文献"，主要是指中文版的马克思、恩格斯、列宁的著作，斯大林的重要著作也适当列入。这些经典文献在中国的翻译传播，如果从1899年初马克思、恩格斯的名字和《共产党宣言》的片段文字传入中国算起，迄今已有120年时间，而且经典著作的翻译传播今天仍然在进行中。但为了工作方便，我们这里主要收集整理1949年以前的经典文献。原因是中华人民共和国成立后的经典著作翻译成果比较系统、完整，又使用比较标准的现代汉语，翻译术语也比较一致，在可见的时间内不需要进行深入的考证说明，同时我们人力有限，也无力做如此浩大的经典文献整理研究工作，只好留待后人去做。再则，这里所列入的主要是比较完整的经典著作文本，不包括片段译文文本，因为这些片段译文太过繁多复杂，我们也无力进行全面的整理研究。当然，个别十分重要的片段译文，也会在考据说明中论及，有的还会附上原文或部分原文。但总体说来，片段译文整理研究工作，也只能留待后人去作分门别类的整理研究了。

第二，这里所说的马克思主义经典文献"传播"，主要是指上述经典文本的翻译、出版，有时也会涉及学习、运用这些著作及其社会影响的情况。这些经典文献在我国的片段翻译传播从清末就开始了。其中，中国资产阶级改良派、革命派等都做过一些工作，但那时人们只是把马克思主义作为西方学术思潮之一来介绍，并没有自觉地把它当作指导中国社会发展的思想来研究运用。真正自觉把马克思主义作为指导中国革命的思想是十月革命之后的事。毛泽东曾经说过："十月革命一声炮响，给我们送来了马克思列宁主义。"①正是从这个意义上说的，是完全正确的。也正是在这个意义上说，李大钊是马克思主义中国化的第一人。在李大钊的引领下，五四新文化运动期间，马克思主义经典文献在中国的翻译传播形成了高潮。在这一时代大潮的推动下，1920年8月，陈望道翻译的《共产党宣言》完整中文译本在上海出版，这是我国历史上第一本完整的中文版马克思主义经典著作，从此开始了大量翻译马克思主义经典著作的历程。特别是1921年中国共产党成立后，我们党更加自觉地有组织、有计划地翻译经典著作。在土地革命战争、抗日战争、解放战争期间，在十分困难的条件下，这一工作始终没有停止。特别是在延安时期，于1938年5月5日马克思诞辰纪念日，中共中央成立了"马列学院"，其主要任务之一就是翻译马列经典著作。以此为阵地，我们党所领导建立的马克思主义翻译和理论研究队伍做了大量工作，到1949年中华人民共和国成立前，主要的马克思主义经典著作中文文本基本上都出版了。同时，在国民党统治区和日伪军占领区，很多进步人士和出版机构特别是三联书店，为马克思主义经典著作的翻译出版作出了重要贡献。设在苏联的莫斯科外国文书籍出版局的中文部为翻译出版中文版马克思主义经典著作作出了特殊重要的贡献。我们这套丛书就是要系统地反映经典著作翻译传播的这一历史过程。同时，也适当反映学习、运用马克思主义理论的历史面貌。

第三，这里所说的马克思主义经典文献传播"通考"，主要是指对上述经典文本的考据性整理和研究。文献考据或考证研究是中国学者作

---

① 毛泽东：《论人民民主专政》，载《毛泽东选集》第四卷，人民出版社1991年版，第1471页。

学问的优秀传统，也是中国学术的一个显著特点。比如古代的经学研究，一定要作相关的文字学、训诂学、版本学、辨伪学、音韵学等的考证研究。没有这些考证工作，得出的结论就靠不住。我们力求继承这个传统，同时，借鉴现代文献学研究方法，来从事马克思主义经典文献传播研究。按照古今文献考据方法，我们将深入考证研究马克思主义经典著作等文献传入中国的各个方面、各个环节，包括文本考据、版本考据、术语考据、语义考据、语用考据、辨伪考据、人物事件考证等。（1）文本考据是对经典著作文本的翻译以及文本内容进行考证研究。如对《共产党宣言》1949年前多个中文版本的翻译情况进行考证并进行各个文本内容的比较研究，考证前人对有关重要思想理解的变化。（2）版本考据是对经典著作等文献的出版性质和版次的考证研究。如《共产党宣言》的某个中文译本是否一个独立译本、是第几次印刷等，都要考证清楚。（3）术语考据主要是对经典著作中的重要概念、术语以及人名、地名的考证研究。如"社会主义"这个概念在历史上曾经有多种译法，这就需要考证清楚。（4）语义考据是对概念含义变化的考证研究。如对"社会主义"的理解在历史上曾经多种多样，需要考证清楚。（5）语用考据是对概念的运用和发展的考证研究。（6）辨伪考据是对有关文献的真假进行考证研究。如有的文章不是马克思写的，而被误认为是马克思写的，后来收入了《马克思恩格斯全集》中文第一版中，这就需要澄清。（7）人物事件考证是对翻译者、传播者以及相关事件等进行考证，以期弄清经典文献翻译出版的来龙去脉。进一步讲，每一类考据又有很多种具体研究工作。如文本考据，包括中外文的文本载体形式研究、文本内容类别研究、文本收集典藏研究、文本整理利用研究、经典作家手稿研究、翻译手稿比较研究、文本研究的历史发展概况研究等。一句话，要做到"辨章学术，考镜源流"。这样，我们的文献考证工作才能做扎实。

同时，还力求借鉴西方解释学的方法，对有关重要概念作更深入的考证研究。既要对某一概念作小语境的考证，即上下文考证，又要作大语境考证，即对当时人们普遍使用此类术语的情况以及当时的历史文化背景作考证研究。进行这些考据工作很有意义，但绝非易事，这就要求我们掌握马克思主义经典著作的翻译史、传播史以及当时整个社会的语言文字环境，还要掌握外文，能够进行外文和中文的比较研究、各个中文版本的比较研究以及相关版本的比较研究。只有这样，才能准确把握经典作家思想的含义，对有关文本、译者的工作等作出公正合理的评价。

在这里，"通考"工作的两个方面即文献整理与考证研究是不可分割的。一方面要把这些文本整理出来，另一方面要把这些文本以及相关的问题考证研究清楚。文献整理是前提和基础，没有前期的文献收集整理就不可能进行深入研究；但考证研究又能够反过来促进文献整理，帮助我们进一步弄清文献之间的关系以及发现新文献，比较完整地再现经典文献的历史风貌。

第四，"马克思主义经典文献传播通考"是一个跨学科、跨专业、综合性、基础性的概念。总体上说，它是马克思主义学科的范畴，但也是文献学、传播学、翻译学、语言学、历史学、文化学、思想史等学科的概念。所以，要深化考证研究工作，需要各个学科的学者共同努力。我们这里只能为各个学科的研究做一些基础性工作。

还需要说明的是，正如大家所知道的，对任何概念的界定都有其局限性，它只能大致说明事物的本质、内涵，而不可能囊括一切。"马克思主义经典文献传播通考"这个概念也是如此，因为它涉及问题、学科太多，不可能十分精确，故而只能作上述大致说明。对这项工作内涵的理解，大家还可以进一步探讨。我们的想法是，"行胜于言"，无论如何，先把这一工作开展起来，在以后的工作中再逐步完善。

二、马克思主义经典文献传播通考何以必要

开展马克思主义经典文献传播通考这项工作之所以必要，是因为事出有因，且势在必然。总体而言，这是中国改革开放40多年实践发展的必然，也是马克思主义理论界乃至整个社会思想文化界深入研究探讨一系列重大理论问题的逻辑必然。

"问题是时代的呼声。"20世纪80年代和90年代初，伴随着改革开放的推进，人们对以往所理解的马克思主义基本理论、基本观点等提出了不少质疑。特别是在"什么是马克思主义""什么是社会主义"这些重大问题上，人们普遍感觉到过去没有弄清楚，需要重新加以理解。邓小平曾经说过："不解放思想不行，甚至于包括什么叫社会主义这个问题也要解放思想。"①他后来又强调说："什么叫社会主义，什么叫马克思主义？我们过去对这个问题的认识不是完全清醒的。"②于是，如何真正全面而准确地理解马克思主义、社会主义成为改革开放时代的大问题。围绕着这个重大时代课题展开了多方面讨论，形成了很多不同

---

① 《邓小平文选》第二卷，人民出版社1994年版，第312页。
② 《邓小平文选》第三卷，人民出版社1993年版，第63页。

观点。

为回答时代面临的课题，人们重新回到"经典文本"，力图把握马克思主义、科学社会主义最原初最本真的含义。这种情况反映到理论界，就提出了"回到马克思"的口号。由此很多学者发表了一系列文章、著作，讨论了各种解读马克思主义经典文本的方式，如"以马解马"即用马克思的话解读，"以恩解马"即以恩格斯的话解读，"以苏解马"即以苏联式马克思主义解读，"以中解马"即以中国化马克思主义解读，等等。这些讨论对人们从不同角度深化对马克思主义的认识发挥了积极作用，但是，问题依然没有被很好解决，因为对文本的理解各有不同，争论仍然不可避免。

随着探讨的深入，人们进一步追问起"文本翻译"问题。有人力图回到经典著作的外文文本即欧洲语言文本，认为中文版的"文本翻译"存在问题。例如，有人认为《共产党宣言》中的"消灭私有制"翻译错了，影响了对所有制改造的理解，这是我们在很长时期内追求"一大二公"社会主义所有制的根源所在，应当翻译为"扬弃私有制"，即对私有制既克服又保留。此种理解似乎可以为改革开放政策提供理论支撑，但也有对马克思主义经典著作的实用主义解读嫌疑，由此同样遭到了批评。

随着对经典文本翻译问题探讨的深入，"版本研究"被提上日程。人们发现在不同历史时期，翻译者对经典著作中重要术语的翻译是不同的，这表明中国人对马克思主义重要观点的理解是在不断变化、不断深入的。比如，在中华人民共和国成立之前，《共产党宣言》有6个完整而独立的中文译本，其中对"消灭私有制"的翻译均不完全相同。1920年陈望道译本是："所以共产党的理论，一言以蔽之，就是：废止私有财产。"1930年华岗译本是："所以共产党的理论可以用一句话来综结，就是：废止私有财产。"1938年成仿吾、徐冰译本是："在这个意义上，共产党人可以把自己的理论归纳在这一句话内：废除私有财产。"1943年8月博古译本是："在这个意义上，共产党人可以用一句话表示自己的理论：消灭私有财产。"1943年9月陈瘦石译本是："从这一意义上说，共产党的理论可用一句话概括：废除私产。"1949年莫斯科译本是："从这个意义上说，共产党人可以把自己的理论概括为一句话：消灭私有制。"可见，关于"消灭私有制"这一重要语句的译法有一个越来越准确的过程。原来译为"废止私有财产"等，只看到了这一观点的表象，只有译为"消灭私有制"才能抓住实质，即从经济制度上解决资本主义国家的社会问题。陈瘦石（当时生活在国民党统治下的知识分子）译为"废除私产"，很不准确，甚至有曲解，因为共产党人要废除的是私有财产制度，而不是简单废除包括私人生活资料在内的私产。由于人们在不同时期、不同社会条件下对《共产党宣言》理解不同，这就需要深入研究这部书的各个版本，并在此基础上进行历史性的文本比较研究。

经典著作"版本研究"深化的一个重要标志应当说是对《共产党宣言》版本的全面考证研究。1998年是《共产党宣言》发表150周年。为纪念这部不朽经典，也为更好理解马克思主义的本质要义，中央编译局和中央电视台联合制作了大型电视文献纪录片《共产党宣言》，笔者作为本片的主要撰稿人，和老专家胡永钦研究员一起对《共产党宣言》的中文版本第一次作了比较全面的梳理，发现这部书总共有12个独立而完整的中文译本，中华人民共和国成立前后分别有6个译本。^①后来中国人民大学的高放教授又作了进一步研究，认为连同中国香港、台湾等地中文译本，《共产党宣言》共有23个中译本。^②此后，学术界研究《德意志意识形态》《资本论》等经典著作版本的成果也越来越多。通过版本比较研究，人们对经典作家思想的理解越来越深。

对经典文本、翻译、版本研究的深入，又促使马克思主义"传播史"研究兴盛起来。人们发现，只孤立研究某一经典著作的文本、翻译、版本还不够，要深入把握中国人对马克思主义基本观点理解的变化，还需要研究马克思主义在中国传播的完整历史，包括马克思恩格斯列宁名字的翻译、经典著作的片段翻译、经典文本的完整翻译以及出版传播等。比如，关于马克思的名字翻译在历史上就有十几种，包括"马克司""马尔克斯""马陆科斯""马尔格士""麦喀氏""马儿克""马尔克""马克斯"等。通过研究传播史，才能把各个历史阶段的各种经典著作文本的关系弄清楚，通过对其中话语体系主要是概念体系的研究，从整体上弄清中国人100多年来对马克思主义、社会主义的重要概念、主要思想观点的理解。比如"社会主义"一词，在1899年2月发表的《大同学》一文中被译为"安民新学"，这是按照中国传统儒家思想对社会主义的理解；后来借用日文翻译术语，学术界广泛认同并接受了"社会主义"一词的译法，但对它的理解仍然很不相同。比如，孙中山理解

---

① 杨金海、胡永钦：《〈共产党宣言〉在中国的翻译、出版和传播》，载《科学社会主义》1998年"纪念《共产党宣言》发表一百五十周年"特刊；又见杨金海：《〈共产党宣言〉与中华民族的百年命运》，载《光明日报》2008年7月3日。

② 高放：《〈共产党宣言〉有23种中译本》，载《光明日报》2008年10月16日。

的社会主义和后来共产党人理解的社会主义就很不相同。实际上，直到今天我们学术界乃至整个思想界对社会主义的理解还在深化。传播史研究就是要研究这种变化发展的历史，从中发现规律性的东西，澄清人们在一些重大理论问题上的模糊认识，特别是要避免重复劳动。因为有很多现在争论的问题在历史上曾经出现过，有的早已解决，但由于人们不了解历史，常常旧话重提，造成重复劳动甚至新的思想混乱。传播史研究可以有效弥补这方面的不足。

　　中央编译局的学者们在马克思主义传播史研究方面做了大量工作。从20世纪50年代开始，由于翻译马克思主义经典著作的需要，编译局前辈学者就在不断研究梳理前人的翻译成果，并开展了马克思主义传播史方面的初步研究和宣传普及工作。1954年，中央编译局举办了"马列主义在中国的传播"展览，之后编辑了《马克思列宁主义著作在中国的传播》一书；1957年，为纪念十月革命胜利40周年，又与北京图书馆（即现在国家图书馆前身）合作主办展览；1963年，中央编译局专家丁守和、殷叙彝出版了《从五四启蒙运动到马克思主义的传播》一书；1983年，为纪念马克思逝世100周年，举办了"马克思恩格斯著作在中国"展览，之后编辑整理并由人民出版社出版了《马克思恩格斯著作在中国的传播》一书；1998年，举办了"《共产党宣言》发表一百五十周年"展览，并与中央电视台合作创作了两集文献纪录片《共产党宣言》，笔者为主笔；2011年，为庆祝中国共产党成立90周年，建立了我国第一个"马克思主义传播史展览馆"，创作了8集文献纪录片《思想的历程》，并由中央编译出版社出版《思想的历程——马克思主义在中国的百年传播》一书，笔者为总撰稿；2018年，为纪念马克思诞辰200周年，在国家博物馆举办"真理的力量——纪念马克思诞辰200周年"主题展览。2018年，根据中央机构改革方案，中共中央编译局与中共中央党史研究室、中共中央文献研究室合并成立了中共中央党史和文献研究院，但中央编译局的牌子仍然保留，以便继续用该名出版马列著作，有关专家学者仍然奋斗在马克思主义传播史研究的前沿阵地。由笔者牵头、一批中青年学者参加承担的国家社科基金重点项目"马克思主义传播史研究"正在进行，预计2019年下半年将出版《马克思主义传播史（中国卷）》两卷本。

我国各高校、科研机构以及有关学者在马克思主义传播史研究方面作出了重要贡献。1955年，苏联学者柯托夫的《马克思主义在俄国的传播》一书由于深翻译，在时代出版社出版；次年，苏联学者巴特里凯也夫的《俄国现代无产阶级的出现——马克思主义在俄国的传播》由孟世昌翻译，在上海人民出版社出版。受苏联专家的影响，中国学者也开始研究马克思主义传播问题。比如，北京大学的黄楠森教授等于20世纪50—60年代，就开始研究马克思主义哲学史，其中包括马克思主义传播史内容，70年代初编成油印本。改革开放后，他与施德福、宋一秀教授一起正式出版了三卷本的《马克思主义哲学史》；后来黄楠森又与庄福龄、林利一起主编了八卷本《马克思主义哲学史》，其中第四卷讲马克思主义哲学在俄国的传播与发展，第七卷讲马克思主义哲学在中国的传播和发展。北京大学的林代昭、潘国华于1983年编辑了《马克思主义在中国——从影响传入到传播》，作为"中国近代思想和文化史料集刊"出版。中国人民大学的林茂生于1984年出版了《马克思主义在中国的传播》一书。中国社会科学院近代史研究所的唐宝林于1997年出版了《马克思主义在中国 100 年》，后来又再版，影响很大。此外，还有其他学者发表了若干关于马克思主义传播史的著作和文章。如姜义华在 1983 年《近代史研究》第 1 期发表《马克思主义在中国的初期传播与近代中国的启蒙运动》一文；高军在 1986 年完成《五四运动前马克思主义在中国的介绍与传播》一书，由湖南人民出版社出版；王炯华于 1988 年出版《李达与马克思主义哲学在中国》；桂遵义于 1992 年出版《马克思主义史学在中国》等。

进入 21 世纪后，我国学者在马克思主义传播史方面的研究成果更多，视野更广阔，特别是深化了分门别类的研究。一是加强早期传播的研究。如王东等于 2009 年出版《马列著作在中国出版简史》；田子渝于 2012 年出版《马克思主义在中国初期传播史（1918—1922）》；方红于 2016 年出版《马克思主义在中国的早期翻译与传播》等。二是加强分支学科传播史的研究，包括马克思主义哲学、经济学、法学、新闻学、文艺理论、党建理论、宗教理论等传播史研究。如谈敏于 2008 年出版《回溯历史——马克思主义经济学在中国的传播前史》；庄福龄于 2015 年出版《中国马克思主义哲学传播史论》；胡为雄于 2015 年出版《马克思主义哲学在中国传播与发展的百年历史》；文正邦于 2014 年出版《马克思主义法哲学在中国》；张小军于 2016 年出版《马克思主义法学理论在中国的传播与发展（1919—1966）》；丁国旗于 2017 年出版《马克思主义文艺理论在中国》等。三是加强地方传播史研究。如淮北市委党史研究室于 2004 年出版《中国共产党淮北地方史》第一卷，专门用一节讲述了"马克思主义在淮北的传播"；闫化川于 2017 年出版《马克思主义是怎样生根中国的——马克思主义在山东早期传播研究》；2017 年，黄进华出版《马克思主义在哈尔滨传播的历史经验和现实启示》。四是加强对马克思主义翻译家和理论家的研究。如叶庆科于2006年出版《杨匏安：我国传播马克思主义的先驱》；郭刚于2010年出版《中国早期马克思主义的传播——梁启超与西学东渐》；笔者主编的《姜椿芳文集》《张仲实文集》分别于2011年、2015年问世，其中包括对姜椿芳、张仲实两位马克思主义翻译大家所作贡献的研究介绍；西南财经大学经济学院和马克思主义经济学研究院编《陈豹隐全集》于2013年之后陆续出版；湖南常德市赵必振研究会对我国马克思主义传播的早期学者赵必振的文献进行整理编纂，于2018年出版《赵必振文集》。五是加强对经典文本解读史、概念史的研究。如王刚于2011年出版《马克思主义中国化的起源语境研究——20世纪30年代前马克思主义在中国的传播及中国化》；尹德树于2013年出版《文化视域下马克思主义在中国的早期传播与发展》。近几年来，一些学者还发表了一系列关于马克思主义概念史的文章，深化了传播史研究。

随着马克思主义传播史研究的深化，系统性的马克思主义"文献编纂"乃至"马藏编纂"工作被提上日程。人们越来越发现，要完整把握马克思主义精髓，特别是要完整把握100多年来中国人对马克思主义理解的情况，需要系统整理马克思主义经典文献。在经典文献典藏方面，中央编译局做了较多工作。由于工作需要，这里的专家学者收集整理了国内最丰富、最齐全的马克思主义经典文献，其中包括中华人民共和国成立后所有中文版的马克思主义经典文献，以及各种外文版的马克思主义经典文献，也包括中华人民共和国成立前的不少经典著作文本文献。国家图书馆、上海图书馆等也拥有丰富的马克思主义经典文献典藏。但即使如此，也不能够满足马克思主义经典文本、版本以及传播史研究的需要，因为这些文献典藏总的来说具有零散性，特别是早期文献，分散珍藏在不同图书馆和有关机构的资料室，人们使用起来很不方便。为此，近些年来不少学者把文献考据研究与文献编纂工作紧密结合起来，推出不少成果。如吕延勤主编《马克思主义在中国早期传播史料长编（1917—1927）》（上、中、下卷），2016年由长江出版社出版；田子渝主编《马克思主义在中国早期传播著作选集（1920—1927）》三卷本，于2018年由湖北人民出版社出版。这些经典文献整理出版大大方便了马克思主义传播的考据研究。但目前的文献整理出版工作仍然有局限性，十月革命之前和大革命之后的经典文献整理出版较少。

于是，学者们提出应当编纂"马藏"。大家知道，中国历史上各个主要学派都有自己的典藏体系，儒家有"儒藏"，佛家有"佛藏"，道家有"道藏"。马克思主义作为在近现代中国影响最大的思想体系，也应当而且能够建立自己的典藏体系。顾海良教授是这方面的领军人物，他领导的北京大学《马藏》编纂工程于2015年3月启动，已经取得初步成果，于2017年5月4日发布出版第一批书共5卷，370万字。他认为，《马藏》编纂工作的任务是"把与马克思主义发展有关的文献集大成地编纂荟萃为一体"，这是很正确的。但这项工作太复杂庞大，需要众多学者一起来做才有可能最终完成。

最近几年，笔者根据中央编译局马克思主义文献典藏情况，围绕"马藏"体系建立也提出了一些想法。笔者认为，"马藏"体系应当包括三个层次：一是核心层，即马克思、恩格斯、列宁等经典作家的手稿以及最初发表的文献；二是基本层，即《马克思恩格斯全集》历史考证版即原文版（亦称 MEGA 版）、《列宁全集》俄文版等经典著作的外文版本，《马克思恩格斯全集》中文第一、二版，《列宁全集》中文第一、二版，中国化马克思主义经典著作；三是外围层，包括经典著作各种版本的选集、文集、专题读本、单行本，以及研究马克思主义经典的代表性著作。这些经典文献有上千卷，可以与中国历史上任何典藏系列（如儒藏、道藏、佛藏）相媲美。①顺便说一句，"马藏"体系的建立将意味着中国现代文化典藏基础的确立，它和中国传统文化典藏一起构成中华文化的典藏体系，其意义远远超出了马克思主义经典著作文本和传播史研究本身。根据这个想法，我们不同单位或部门的学者应当根据自己的工作实际开展工作。"马藏"体系的核心层、基本层实际上一直是由中央编译局在做的，也比较完善了。我们今天最需要做的就是"补短板"，即把外围层中的各种零散的历史性的经典文本文献收集整理起来，供大家作历史性研究之用。这些历史性的经典文献也很多，所以应当首先把中华人民共和国成立前比较完整的经典著作文本整理出来，以供马克思主义经典文本、版本、传播史考据等研究之用。

于是，我们的"马克思主义经典文献传播通考"丛书也就应运而生了。可见，开展这项工作，不是我们一时激动的产物，而是我国学术界马克思主义理论研究逐步深化的逻辑必然，做好这项工作也是当务之急。这项工作做好了，不仅有助于马克思主义经典著作翻译和文本、版本、传播史的研究，也能够为建立完整的"马藏"体系提供历史上的各种基础文本，还有助于整个中国现代思想文化的研究和建设。

---

① 杨金海：《马克思主义发展史学科群建设之思——马克思主义传播史研究视角》，载《北京行政学院学报》2018年第1期。

三、马克思主义经典文献传播通考何以可能

今天进行马克思主义经典文献传播通考是否可行？回答是肯定的。如果放在 20 年前，做这项工作几乎是不可能的。因为那时大家还没有对马克思主义理论进行深入的文本、版本、传播史、概念史、解读史等考据研究的概念，更没有建立"马藏"的想法，所以，也就不可能有此思想动力。这是从主观上讲的。从客观上看也是如此。当时的研究还很不够，也还没有今天这样发达的信息技术，所以要弄清中华人民共和国成立前究竟有多少经典著作文本已经翻译出来、藏在何处，是很困难的，就更不用说把各种经典著作的不同文本收集起来并整理出版了。

经过长期的积累，特别是近几十年的经典著作研究，今天我们已经具备了进行马克思主义经典文献传播通考的基本条件。

一是越来越多的人意识到经典文献考据研究的重要性，不仅把马克思主义作为意识形态来研究，而且进一步把马克思主义作为科学的学术体系乃至"新国学"之重要内容来研究。长期以来，在我国有一种不正确的认识，就是认为马克思主义是一种意识形态，没有学术性，甚至不是学问。实际上，意识形态也有科学与非科学之分。马克思主义是一种科学的意识形态，由此决定了它具有科学性，完全可以作为学术来研究。之所以有人认为它不具有学术性，一方面，是因为这些人不懂马克思主义；另一方面，是因为我们马克思主义学界在学术、文化层面研究马克思主义不够，有分量的学术成果不多。要克服这一缺陷，就要努力借鉴其他学科的研究方法，包括借鉴我国传统的学术文化研究方法，拿

出可以与其他学科相媲美的学术成果来。例如建立"马藏"体系就是很好的学术性工作。2014年在成中英先生八十大寿庆祝会上，笔者尝试性地提出"新国学"概念。所谓"新国学"，就是包括马克思主义学说在内的中华学术体系，是当代整个中华文化的基础。我们以往所说的"国学"实际上是"老国学"，即以儒、释、道为主的中国传统学术体系，今天这样讲还说得过去，但实际上已经不准确了，再过若干年就更不科学了，因为我们今天还有马克思主义学说。毫无疑问，自五四新文化运动以来，马克思主义在我国已经逐步成为中华学术体系的重要组成部分，可以与传统的儒、释、道等相媲美，因此不能把它排斥在国学之外。类似情况，在历史上是有过先例的。大家知道，佛学是西汉时传入中国的，是外来文化，但2000年后的今天，谁还能说它不是中国文化之一部分呢？马克思主义也是这样，况且它比佛学的作用要大得多，它传入中国才100多年，就深刻改变了中华民族的命运，也深刻改变了中国传统文化，已经成为当今中华文化的重要组成部分乃至核心部分。随着时间的推移，将来我们的国学体系一定会把"马学"加进来，形成"儒、释、道、马"并驾齐驱、以"马"为魂的繁荣发展局面。当然，"马学"作为"新国学"的重要组成部分并为人们所接受，还需要努力构建自己的学术体系。比如要借鉴中国传统学术文化研究的方法，像整理编纂《四库全书》那样，把马克思主义"经""史""子""集"等都整理出来，形成蔚为壮观的经典体系、学术体系，供后人研究之用。此外，我们对马克思主义的各种研究也要具有深厚的学理性。这样，"马学"作为科学的学术体系才能够完善起来。"知难行易"，应当说经过这些年学界同仁的共同努力，已经有越来越多的人意识到马克思主义经典文本整理和考据工作的重要性。这就为顺利推进这项工作奠定了思想基础。

二是这些年有关马克思主义经典文本整理研究的成果越来越多，使得我们基本知道了有哪些经典文本、版本及其传播、珍藏等情况。特别是近几年来，这些研究成果每年都在成倍地增长。很多深藏密室的历史文献被挖掘出来，包括一些经典文本、马克思主义经典著作翻译家、出版家、教育家以及取经潮、取经路线、传播方式等，成为学界研究的热点。与之相伴随，马克思主义经典著作原文版、手稿的收集整理和深度研究成果也越来越多。中央编译局的学者在这方面的成果较多。笔者在经典文献研究方面也做了一些工作，如与冯雷共同主编了37卷"马克思主义研究资料"丛书；与李惠斌主编了40卷"马克思主义经典著作研究读本"丛书。王学东主编了64卷"国际共产主义运动历史文献"丛书。这三套丛书均由中央编译出版社出版。清华大学艾四林主编了20卷"马克思主义经典著作导读"丛书。北京大学聂锦芳主编了12卷"重读马克思——文本及其思想"丛书。其他单位学者在这方面的成果也越来越多。这些经典文献的收集整理和相关大型丛书的编辑出版，以及学术界同仁的大量相关研究成果的发表，为我们推进马克思主义经典文献考据工作提供了丰富资料。

三是马克思主义经典文本考据研究队伍日益壮大，经验日益丰富，方法不断更新。不仅马克思主义理论界很多学者在从事这方面工作，而且其他各界学者也参与进来，包括翻译界、历史学界、民族学界、宗教学界、文学艺术界等方面的学者近些年来都在积极挖掘整理、考据马克思主义的有关历史文献，使得马克思主义经典文本考据研究逐渐成为

"显学"。自2004年中央马克思主义理论研究和建设工程实施以来，培养了一支老、中、青结合的马克思主义学术队伍。各个大学马克思主义学院相继建立，各级社会科学院的马克思主义研究机构日益建立和完善，党和政府、军队研究机构里马克思主义理论研究队伍不断扩大，社会思想文化界对马克思主义理论的研究、宣传和普及工作在加强，这些都大大加速了马克思主义学术队伍培养和学科建设的步伐。特别是近年来，一批优秀的中青年马克思主义学者茁壮成长。他们思维敏捷，年富力强，外语水平很高，知识结构新颖，研究方法现代，不仅能够借鉴中国传统的考据方法，也能够借鉴西方解释学方法等进行研究，越来越具备了中外比较研究、历史比较研究的能力，由此，成为经典文本考据研究的中坚力量。

四是当今发达的信息技术为我们查找、收集、研究经典文本文献提供了快捷便利的条件。进行深入的经典文献考证，需要掌握大量国内外文献资料。比如要用到马克思手稿，而原始手稿的大约三分之二珍藏在荷兰皇家科学院国际社会历史研究所档案馆，三分之一珍藏在俄罗斯国家社会政治史档案馆；要考证经典文本的翻译，还会用到日文版经典著作文本，而这些大多珍藏在日本，个别文本分散珍藏在我国各地的图书馆。要大量使用这些资料在过去几乎是不可能的，但是在今天，通过网络信息技术，就可以比较好地解决这些问题。再者，随着我国现代化事业的推进，我们的经济实力越来越强，在马克思主义经典文本研究方面的投入越来越多。这些物质力量的增强为我们开展这样大规模的整理编纂工作提供了保障。

总体而言，经过马克思主义学界同仁的长期努力，中国已经成为当今世界最大的马克思主义经典著作翻译和研究国家。特别是近些年来，我国学者关于经典文本考据研究的理念越来越新、成果越来越多、队伍越来越强、保障条件越来越好。随着马克思主义学院的建立，马克思主义理论教学和科研工作越来越受到重视，学科体系建设越来越完善，我们的研究成果也越来越有用武之地。这些都为我们深入开展大规模的经典文献整理和研究提供了现实可能性。

四、"马克思主义经典文献传播通考"丛书编写的思路和原则

马克思主义经典著作是学习和研究马克思主义理论的基础文本，历来为人们所重视。在我国马克思主义传播史上，曾经翻译出版过很多种经典著作的中文本。比如，《共产党宣言》总共有至少12个完整的中文译本；《资本论》在1949年以前也有好几个中文译本。这样说来，光是1949年以前翻译出版的经典著作文本或专题文献文本就有上百种。这些不同的中文译本反映了中国人在不同历史时期对马克思主义经典著作理解的不同水平。

编辑这套丛书的直接目的，是要把1949年以前的主要经典著作文本原汁原味地编辑整理出来，并作适当的考证说明，供大家作深入的历史比较研究、国际比较研究之用；从更长远的目的看，是要为建构完整的中国马克思主义典藏体系、学术体系、话语体系乃至为建构现代中华文化体系做一些基础性工作；最终目的，则是要通过历史比较，总结经验，澄清是非，廓清思想，统一认识，破除对马克思主义错误的或教条

式的理解，全面而准确地把握马克思主义理论精髓，弘扬马克思主义精神，继承马克思主义理论，在此基础上深化对中国化马克思主义的理解和研究，为推进当代中国马克思主义、21世纪马克思主义，确保科学社会主义伟大事业长久发展提供科学的理论支撑。

本丛书体现如下特点，这也是丛书编写工作所力求遵循的原则：第一，体现历史性和系统性。本丛书主要收集1949年以前的经典著作中文译本，对1949年以后个别学者的译本也适当收入。中华人民共和国成立后由中央编译局翻译出版的经典著作，由于各大图书馆都可以查到，且各种译本变化不大，故不在收录范围。对所收集的历史文献力求系统、完整，尽可能收集齐全1949年以前经典著作的各种译本，按照历史顺序进行编排。对同一译本的不同版本，尽可能收集比较早且完整的版本。对特别重要的片段译文作为附录收入。第二，突出文献性和考证性。力求原汁原味地反映各种经典著作的历史风貌。为此，采取影印形式，将经典著作的文本完整地呈现给读者。同时，要对文本的情况进行适当的考证研究，包括对原著者、译者、该译本依据的原文本、译本翻译出版和传播的情况及其影响等作出科学说明。这些考证研究要有充分的史料根据，经得起历史检验。要力求充分反映国内外有关研究成果，特别是要充分反映我国改革开放以来在经典著作文本、版本研究方面所发现的新文献、取得的新成果。第三，力求权威性和准确性。一方面，所收集的经典著作文本力求具有权威性和准确性。力求收集在当时具有权威性的机构出版的、质量最高的经典译本，避免采用后人翻印的、文字错误较多的文本。另一方面，考证分析所依据的其他文献资料，也力求具有权威性和准确性。要选择国内外在该研究领域最具权威性的专家学者的最具代表性的观点和最有影响力的文章。再者，对文本有关问题的阐述，比如，对人名、地名、术语变化的说明，或对错字、漏字等印刷错误的说明等，要具有权威性和准确性。第四，力求做到史论结合、论从史出。本丛书的主要任务是对经典文本以及相关问题进行历史性的考证梳理，但考证不是目的，而是手段，根本目的还是要深化对马克思主义基本理论和基本观点的全面的、准确的理解，并最终用以指导实践。所以，在考证研究的同时，要始终牢记最终目标，以便从历史文献的分析研究中得出令人信服的科学结论。所以，在每一经典文本的考证说明中，都既要说明经典文本文献的来龙去脉以及考证梳理的情况，又要从中得出若干具有启发性的结论，以帮助读者正确认识经典著作中的有关重要思想，特别是要在统一认识、消除无谓争论上下功夫。这样，该丛书就不仅能够为读者提供原始的经典著作文本文献，还能够为读者进一步研究这些文本提供尽可能丰富的、具有权威性和准确性的相关文献资料，并提供尽可能中肯的观点和方法，从而能够使丛书成为马克思主义典藏的重要组成部分而流芳后世。

基于上述考虑，本丛书采取大致统一的编写框架。除导言外，各个读本均由四个部分组成。一是原著考证部分，其中包括对原著的作者、写作、文本主要内容、文本的出版与传播情况的考证性介绍；二是译本考证部分，包括对译本的译者、翻译过程、译本主要特点、译本的出版和传播情况的考证梳理；三是译文考订部分，包括对译文的质量进行总体评价，对有关重要术语进行比较说明，对错误译文、错误术语或错误印刷进行查考、辨析和校正性说明；四是原译文影印部分，主要收入完整的原著译本，同时作为附录适当收入前人关于该书的片段译文。

　　通过这样的考证研究，力求凸显这套丛书的编辑思路，即对经典著作的文本、版本有一个建立在考据研究基础上的总体性认识。每一本书都要能够回答这样一些问题：如这本书是什么，它在马克思主义发展史上的地位如何，它在世界上的传播情况怎样，它是什么时候传播到中国的；该中文本的译者是谁，译本的版本、传播、影响、收藏情况怎样；该译本中的重要概念是如何演化的，中国人对这些概念的理解过程怎样，对我们今天的理论研究和实践探索特别是对解决今天有关重大理论问题的争论有何启示，等等。这些问题回答好了，就能够帮助读者更深入地理解经典著作中的思想观点，并能够从文本的历史比较、国际比较中把握中国化马克思主义发展的思想历程，从而为进一步深化马克思主义理论研究提供深厚的思想资源和学理支撑。

　　"日月光华，旦复旦兮。"我们是怀着一种迎接中华民族伟大复兴的历史使命感、对马克思主义学术文化的深深敬畏之情来做这项工作的。一是敬畏经典。近百年来，为振兴中华民族，为推进中国思想文化的现代化，无数志士仁人历经千辛万苦把马克思主义真经取回来，并通过翻译研究形成了汗牛充栋的马克思主义经典文献，由此奠定了中国现代文化的典藏基础，为实现中华文化从传统形态向现代形态转化作出了巨大贡献。我们面前的这些文献，正是在马克思主义传播过程中形成的"马藏"中的重要经典文本。拂去历史尘埃，整理、考证和再现这些经典文献的历史原貌，发掘其中的深厚文化意蕴，敬畏之心油然而生。能够通过我们的工作使这些闪耀着历史光芒的典籍和伟大思想更好地传承下去，为中国现代文化体系的建设打下坚实的典藏基础，正是本丛书作者和编者的共同期愿所在。二是敬畏先驱。近百年来，一代又一代翻译家和理论家薪火相传，把马克思主义经典引进中国，特别是在民主革命时期，很多翻译工作是在十分困难和危险的条件下进行的，有不少先辈为此贡献了一生乃至宝贵生命。他们的事迹可歌可泣，他们的艰辛堪比大唐圣僧玄奘西天取经，他们的历史功绩和伟大精神将在历史的天空熠熠生辉！能够通过我们的这项工作，让一代代后人记住这些历史人物和历史故事并将先辈们的宝贵精神传承下去，我们将备感荣幸。三是敬畏责任。面对百年来形成的浩如烟海的马克思主义经典文献需要研究整理，面对百年来一批批可敬可爱的译介者需要研究介绍，面对百年来马克思主义中国化的伟大历程需要梳理继承，我们需要做的工作太多太多。由此，不论是作者还是编者，都不能不对自己所从事的这项工作产生出由衷的敬畏之情。唯有通过努力，精心整理好这些文献，为最终形成完整的中国特色马克思主义典藏体系作一点贡献，为马克思主义学说在中国乃至世界千秋万代薪火相传做一点铺路工作，才能告慰马克思主义经典作家，告慰这些理论先驱和翻译巨匠们！

2018年是马克思诞辰200周年，《共产党宣言》发表170周年；2019年是中国先进分子自觉选择马克思主义作为观察中国和世界命运之思想武器100周年；2020年是《共产党宣言》第一个完整的中文译本问世100周年；2021年是中国共产党成立100周年，这一个个光辉的历史节点展现出马克思主义在中国发展的强大生命力。在这个新时代的新时期，陆续出版大型丛书"马克思主义经典文献传播通考"，对推进马克思主义理论研究和建设工作，有着特殊重要的意义。

需要说明的是，对于经典文本的研究，往往会有仁者见仁、智者见智的情况。所以，尽管我们在组织编写工作中努力体现上述编写思路、原则和精神，书中的观点也不一定都很成熟，不可能与每一位读者的观点完全一致。加之每位作者研究角度不同，水平各异，每一本书的结构、篇章、内容、观点都不尽相同，其权威性也不尽一致，其中很可能有疏漏和错误之处，谨请读者批评指正。

该丛书在设计、编写和出版过程中，得到了各方面的大力支持。清华大学马克思主义学院将这项工作列入重要议事日程，作为该院马克思主义传播史研究中心重大项目，艾四林院长以及各位同事对此项工作给予大力支持。中共中央党史和文献研究院（中央编译局）十分重视对马克思主义传播史的研究，对此项研究给予各个方面的支持。国家出版基金将该丛书列入资助项目，辽宁省委宣传部将此项目列入文化精品扶持项目。辽宁出版集团和辽宁人民出版社在丛书的选题策划和编辑出版中做了大量工作。在编写过程中，中共中央党史和文献研究院（中央编译局）信息资料馆、国家图书馆、上海图书馆、清华大学图书馆、北京大学图书馆、国家博物馆等单位给予鼎力支持。

谨在此一并致以衷心的谢意！

杨金海

2019 年 5 月 5 日于清华大学善斋

导　言

　　马克思和恩格斯的书信是马克思和恩格斯文献遗产的重要组成部分，也是他们参加革命实践活动和从事理论创作的重要内容之一。他们之间通过书信，不断交流思想、沟通信息、切磋探讨，进一步修正和完善了自己的科学理论，甚至首先在书信中表达或阐述一些重要的理论或思想观点。他们与各国工人运动的领袖和代表之间的联系更多的是通过书信来进行的，对欧洲形势分析、资产阶级反动本质的揭露、革命经验的总结、无产阶级开展革命活动的指导，甚至是对同志的关心关爱都在这些书信中——展现。可以说，马克思和恩格斯的书信是一个巨大的思想宝库，不仅为研究他们的生平、事业和活动提供最珍贵的资料，也为研究马克思主义理论的形成和发展，以及研究国际共产主义运动的形成和发展提供了重要材料。

　　马克思和恩格斯在世时就十分重视自己的这些书信。马克思很好地保存着包括书信在内的文献。1883 年 3 月 14 日马克思逝世后，恩格斯来到马克思家整理马克思的遗物。5 月 22 日，他写信给约翰·贝克尔说："我感到惊奇的是，马克思甚至把 1848 年以前所写的几乎全部文稿、书信和手稿都保全了下来，这是写传记的绝好材料。"[①]同日，恩格斯还在给劳拉·拉法格的信中说："最近我清理了书信。有一个大箱子，

---

①《马克思恩格斯全集》第三十六卷，人民出版社 1975 年版，第 27 页。

装满了从 1841 年（甚至从 1837 年——你爷爷马克思 ① 的来信）到 1862 年间非常重要的信件。……1862 年以后的书信，马克思自己已经清理得相当好了。但是我们要弄清放满箱子、纸包、包裹、书籍等等的这个阁楼的全部秘密，还得过些时候。" ②

恩格斯肯定了他与马克思之间来往书信的历史价值，不仅对这些书信进行了妥善的整理和收藏，而且考虑要公开发表它们。1883 年 6 月 12—13 日，恩格斯写信告诉爱德华·伯恩施坦，他"完整的"收藏着"马克思从 1849 年起的书信"，"海涅的诗篇同我们的泼辣而欢乐的散文相比，不过是儿戏而已。摩尔有时会狂怒，但从来不消沉！我重读旧稿，总是笑得前仰后合。这些书信也具有历史意义，我将尽自己所能，使这些书信落到适当的人手里" ③。同年 6 月 29 日，恩格斯在致弗·阿·左尔格的信中写道："马克思在给你写这整封信的时候，正象他在这种情况下通常所做的那样，是考虑到以后要逐字发表的。所以，你如果发表它，也没有什么不妥当。" ④

恩格斯把发表或出版马克思的书信看作自己整理完《资本论》第二卷、第三卷之后，未来展开马克思文集编纂工作的重要内容。他不仅反对李卜克内西打算出版马克思同卢格的 1843 年书信的想法，因为这些书信是"混乱的、用黑格尔语言写的、现在无法看懂的通信"，而且他抗议其他人"所设想的用小册子或分册形式出版的《全集》" ⑤。"出

---

① 亨利希·马克思——编者注。
② 《马克思恩格斯全集》第三十六卷，人民出版社 1975 年版，第 31 页。
③ 《马克思恩格斯全集》第三十六卷，人民出版社 1975 年版，第 36 页。
④ 《马克思恩格斯全集》第三十六卷，人民出版社 1975 年版，第 46 页。
⑤ 《马克思恩格斯全集》第三十七卷，人民出版社 1971 年版，第 519 页。

版全集是我今后的义务，我不能允许事先这样一部分一部分地从我手里把它夺走。"①1893 年 10 月，当恩格斯快要完成《资本论》第三卷的整理和编辑工作时，他开始打算发表拉萨尔写给马克思的书信。10 月 18 日和 21 日恩格斯致信倍倍尔："拉萨尔的书信已交杜西打字。她将按通常的收费定额同你们算账，由我付款。"② 一年后，在《资本论》第三卷正式出版的 1894 年底，劳拉向恩格斯提出"在结束第三卷开始第四卷之前应当稍稍休息一下"的建议，对此恩格斯在回信中详细地说明了他近一段时期要完成的任务，其中包括"公布拉萨尔给摩尔（马克思——本文作者注）的书信"，这些信件已经打印出来放在恩格斯的书桌上，恩格斯还需要为它们加注释（除了引用一些事实外，还要引用恩格斯和马克思的通信），以及"写一篇讲究辞令的序言"③。但是，由于要出版马克思的《1848 年至 1850 年的法兰西阶级斗争》④，以及要等待普鲁士政府炮制的所谓"防止政变法草案"⑤的命运，出版拉萨尔给

①《马克思恩格斯全集》第三十八卷，人民出版社 1972 年版，第 120 页。

②《马克思恩格斯全集》第三十九卷，人民出版社 1974 年版，第 153 页。

③《马克思恩格斯全集》第三十九卷，人民出版社 1974 年版，第 329 页。

④1895 年 1 月 30 日，理查·费舍致信恩格斯说，《前进报》出版社打算把马克思于 1850 年在《新莱茵报·政治经济评论》上发表的论述法国 1848 年革命和以后的一些事件的一组文章单独出版一本小册子。恩格斯同意出版，把小册子定名为《1848 年至 1850 年的法兰西阶级斗争》，并专门为它写了一篇导言。（《马克思恩格斯全集》第三十九卷注 339）为此，恩格斯不得不把发表拉萨尔给马克思的书信的事情放一放。

⑤1894 年 12 月 6 日，普鲁士政府向帝国国会提出"关于修改和补充刑法典、军事法典和出版法"法律草案（即所谓"防止政变法草案"）。按照这个法案，将对现行法令增加一些补充条文，包括对"唆使一个阶级用暴力行动反对另一个阶级从而破坏公共秩序者"等采取严厉措施。这项法律草案于 1895 年被帝国国会否决了。这件事情对恩格斯整理出版拉萨尔给马克思的书信的影响很大，恩格斯分别在 1895 年 2 月 2 日和 12 日致理查·费舍的信、3 月 28 日和 4 月 17 日致劳拉·拉法格的信中谈到，要等国会对法律草案的决定下来后，才能确定是否发表。（参见《马克思恩格斯全集》第三十九卷，人民出版社 1974 年版，第 381、387、430—431、448 页）

马克思的书信这件事情在恩格斯生前未能实现。

　　列宁十分重视马克思和恩格斯书信的编译和出版。1907 年，俄国社会民主党人在彼得堡先后出版了俄文版《卡·马克思致路·库格曼书信集》和《约·菲·贝克尔、约·狄慈根、弗·恩格斯、卡·马克思等致弗·阿·左尔格等书信集》，列宁为这两部书信集的俄译本撰写了序言，并为前一部的译文作过校订。1913 年 9 月，《弗里德里希·恩格斯和卡尔·马克思通信集（1844—1883 年）》（四卷本）由斯图加特狄茨出版社出版。这部通信集是恩格斯生前嘱托倍倍尔和伯恩施坦整理编辑的。列宁深入地研读了这部通信集，并做了约 300 封书信的摘要、15 封具有重要理论意义的书信摘抄，这些摘要和摘抄记录在一个笔记本上，总共有 76 页，最后还附有部分摘要的名目索引。列宁还在四卷通信集上先后用四种不同颜色（黑、褐、红、蓝）的铅笔作了 120 余处的批注和标记①。读过后，列宁便计划写一篇长文介绍这部通信集，但这篇文章一直没有写完，直到 1920 年 11 月 28 日纪念恩格斯诞辰 100 周年时，才在《真理报》上发表这篇未完成的文章。

　　在这篇文章中，列宁高度评价了马克思和恩格斯书信的历史意义和理论意义。他指出：“……这些信件的科学价值和政治价值都非常大，从这些书信中读者清晰地看到的不仅是马克思和恩格斯二人的风貌。在这些书信中，马克思主义的极其丰富的理论内容阐述得非常透彻，一目了然，因为马克思和恩格斯反复谈到他们学说的各个方面，同时对最新（就与先前的观点比较而言）、最重要和最困难的问题加以强调和说明，

---

① 林穗芳编著：《列宁和编辑出版工作》，中国书籍出版社 1987 年版，第 88 页。

有时又是共同讨论，互相切磋。"①列宁认为，这些书信对于了解世界无产阶级工人运动史具有重要价值，"读者从这些信件中可以看到非常生动的全世界工人运动的历史，看到其中最重要的时期和最重大的事件。特别有价值的是工人阶级的**政治**史。马克思和恩格斯在各种不同的历史时期，根据旧大陆各个国家和新大陆所发生的各种各样事件，探讨了有关工人阶级**政治**任务问题最原则的**提法**"②。列宁还从哲学角度概括了马克思和恩格斯书信的内容核心："如果我们试图用一个词来表明整个通信集的焦点，即其中所抒发所探讨的错综复杂的思想汇合的中心点，那么这个词就是**辩证法**。"③同时，列宁还在文章中从编辑指导思想和技术方面指出了这部通信集的缺点④。因此，列宁十分希望能够在俄国出版一部真实反映马克思和恩格斯思想的通信集。

十月革命胜利后，列宁将收集、整理和出版马克思和恩格斯著作的任务作为建设苏维埃俄国的重要工程之一，成立了马克思恩格斯研究院，专门负责这项工程。收集和发表马克思和恩格斯的书信是其中的重要工作之一，列宁委托弗·维·阿多拉茨基编选《马克思和恩格斯通信集》俄文版，委托马克思恩格斯研究院院长梁赞诺夫在全世界收集马克思和恩格斯的全部书信。⑤在这一过程中，列宁多次关心和指导两位马克思学家的工作，并最大限度地为他们提供物质上的支持。1922年底，阿多

---

①《列宁专题文集——论马克思主义》，人民出版社2009年版，第74页。
②《列宁专题文集——论马克思主义》，人民出版社2009年版，第74页。
③《列宁专题文集——论马克思主义》，人民出版社2009年版，第75页。
④《列宁全集》第2版增订版第二十四卷，人民出版社2017年版，第278—279页。
⑤具体收集和选编过程参见姚颖：《苏联时期马克思恩格斯重要著作编纂研究》，中国人民大学出版社2018年版，第101—106页。

拉茨基编辑并作序的《马克思恩格斯书信选集》俄文版（书名为《书信集。马克思和恩格斯通信中的理论和政治》）由莫斯科工人出版社出版。这是苏维埃俄国自主编辑的第一部马克思和恩格斯书信集。这部书信集到1931年再版了4次，还出版了多种外文版，为马克思主义在苏联的广泛传播起了很大的作用。

　　在中国，对马克思和恩格斯书信的摘译或翻译初见于1920年。这年8月陈望道翻译的《共产党宣言》第一个中文全译本在上海出版，标志着马克思主义在中国的传播开始从对观点、著作片段或章节的摘译向以翻译完整的著作的形式发展。从此时开始，除了经典著作，马克思和恩格斯的一些具有重要理论价值的书信也开始被追求进步的知识分子在报刊上进行摘译和介绍。例如，《恩格斯致瓦·博尔吉乌斯的信（1894年1月25日）》，由常乃惪摘译，载于《国民》杂志1920年10月第二卷第3号《马克思历史的唯物主义（续）》一文中；《马克思致约瑟夫·魏德迈的信（1852年3月5日）》以《历史要走到无产阶级专政》为标题，由石人摘译，载于《少年》杂志第10号（1923年7月1日），文后还加有按语。《马克思致恩格斯的信（1867年8月16日）》以《马克思的情书》为标题，由张申府译，载于天津《大公报》1933年6月8日第11版。《恩格斯致格尔桑·特利尔的信（1889年12月18日）》和《恩格斯致玛格丽特·哈克奈斯的信（1888年4月初）》由陆侃如译，载于《读书》杂志第三卷第6期（1933年6月）。《恩格斯致敏娜·考茨基的信（1881年10月1日）》以《与敏娜·考茨基论倾向文学》为篇名，由胡风译，载于《译文月刊》第一卷第 4 期（1934 年 12 月）[①]，等等。

20 世纪 30 年代，随着马克思主义著作在中国流传日益广泛，影响日渐扩大，马克思主义著作的全译本和摘译本陆续出版。在一些译本中也附有相关主题的马克思和恩格斯的书信。例如，易桢译的《马克思传及其学说》（社会科学研究会 1930 年 5 月版）中，收录了其摘译的《马克思写给父亲的信（1837 年 11 月 10 日）》《马克思致约瑟夫·魏德迈的信（1852 年 3 月 5 日）》《恩格斯致弗里德里希·阿道夫·左尔格的信（1883 年 3 月 15 日）》等。《马克思学体系》第四册（上海平凡书局 1930 年 6 月版）中收录了齐苏摘译的《马克思致巴维尔·瓦西里也维奇·安年柯夫的信（1846 年 12 月 28 日）》，篇名为《人群无选择社会形态的自由》。《辩证法经典》（上海亚东图书馆 1935 年 10 月版）中收录了程始仁编译的《马克思致路德维希·库格曼的信（1868 年 7 月 11 日）》。《读书偶译》（韬奋出版社 1938 年 4 月版）收录了邹韬奋摘译的《马克思致恩格斯的信（1867 年 8 月 16 日）》《恩格斯致马克思的信（1869 年 7 月 1 日）》。《海上述林》（内山完造代寄日本印制 1936 年 5 月版）中收录了瞿秋白译的《恩格斯致玛格丽特·哈克奈斯的信（1888 年 4 月初）》、《恩格斯致保尔·恩格斯的信（1890 年 6 月 5 日）》（篇名译为《恩格斯论易卜生的信——给爱伦斯德》）。《马恩科学的文学论》（读书出版社 1939 年 11 月版）中收录了欧阳凡海译的《恩格斯致斐迪南·拉萨尔的信（1859 年 5 月 18 日）》、《恩格斯致玛格丽

[①] 北京图书馆马列著作研究室编：《马克思恩格斯著作中译文综录》，书目文献出版社 1988 年版，第 546—1054 页。

特·哈克奈斯的信（1888 年 4 月初）》（篇名译为《恩格斯底巴尔札克论》）。何思敬、徐冰翻译的《哥达纲领批判》（解放社 1939 年 12 月版）收录了《恩格斯致奥古斯特·倍倍尔的信（1875 年 10 月 12 日）》《恩格斯致卡尔·考茨基的信（1891 年 3 月 17 日）》。王学文、何锡麟、王石巍翻译的《价值价格与利润》（1946 年 10 月版）中，摘译了《马克思致恩格斯的信（1865 年 5 月 20 日）》。吴黎平、刘云翻译的《法兰西内战》（解放社 1838 年 11 月版）和郭和翻译的《法兰西内战》（上海海潮社 1939 年 4 月版）中，都收录了《马克思致路德维希·库格曼的信（1871 年 4 月 12 日、4 月 17 日）》[①]，等等。

值得提及的是，这一时期，专题性质的马克思和恩格斯的系列书信也始见诸报端。例如，1930 年 7 月出版的《动力》杂志第一卷第 1 期，就专门刊登了一组由寒光翻译的《马克思致路德维希·库格曼的信（1862 年 12 月 28 日，1864 年 11 月 29 日，1866 年 1 月 15 日、4 月 6 日、8 月 23 日、10 月 9 日、10 月 13 日、10 月 25 日，1867 年 2 月 18 日、6 月 10 日）》，共收书信 10 封。1938 年延安《解放周刊》第 52、53 和 54 期连续发表了由艾思奇翻译（刊登时未署译者名）的《马克思恩格斯对于唯物史观的书信》，共收书信 7 封[②]。这为编译出版马克思和恩格斯书信的专题集中译本打下了良好的基础。

1939 年 3 月，延安出版了"马恩丛书第七种"《马恩通信选集》（初

---

① 北京图书馆马列著作研究室编：《马克思恩格斯著作中译文综录》，书目文献出版社 1988 年版，第 546—1054 页。

② 北京图书馆马列著作研究室编：《马克忠恩格斯著作中译文综录》，书目文献出版社 1988 年版，第 1072 页。

版未署出版者,同年 6 月版署解放社出版),全书分为四个部分(专题),
其中收录了艾思奇翻译的《马克思恩格斯对于唯物史观的书信》作为第
二部分,其他三个部分"为无产阶级政党而斗争的书信""论爱尔兰问题"
和"马恩论俄国",由柯柏年、景林翻译。这本通信选集是中国翻译的
第一本马克思恩格斯书信集,也是中国自行编辑的书信集,《马恩通信
选集》在新中国成立前后多次再版,在国内广为流传。不久,由上海读
书生活出版社印行的《资本论通信集》郭大力译本也在同年 4 月出版。
关于马克思和恩格斯书信的著作集在 20 世纪 40 年代后期开始陆续在中
国翻译出版。主要有:1947 年 5 月,上海亚东图书馆出版了林超真翻译
的《马克思致顾格尔曼的信》;1948 年 4 月,东北书店牡丹江分店出版
了天兰翻译的《马克思致顾格曼博士书信集》;1949 年 9 月,亚东图书
馆出版了林超真翻译的《马克思恩格斯书信选》。

　　新中国成立后,除多次再版上述马克思和恩格斯书信集外,还编译
出版了多种书信集:1951 年 7 月,学习杂志社将艾思奇翻译的《马克思
恩格斯对于唯物史观的书信》作为单行本出版,书名改为《马克思·恩
格斯关于历史唯物论的信》。1957 年 3 月至 1958 年 8 月,生活·读书·新
知三联书店出版了由李季翻译的《马克思恩格斯通信集》(全四卷)。
1962 年 10 月,人民出版社出版了由刘潇然翻译、中央编译局校订的《马
克思恩格斯书信选集》。1963 年 11 月,人民出版社出版了《马克思恩
格斯书简》,收录了从唯真校订的《马克思恩格斯文选》中文版第二卷
(1955 年版)中选出的 20 封马恩书信。1976 年 8 月,人民出版社出版
了由中央编译局编译的《马克思恩格斯〈资本论〉书信集》。1978 年 12 月,
人民出版社出版了由中央编译局编译的《马克思恩格斯和白拉克通信集

（1869—1880）》，等等。

　　《马恩通信选集》作为在抗日战争时期我们党领导和组织编译出版的马克思和恩格斯重要著作之一，其中收录的马克思和恩格斯的书信密切结合了现代中国革命斗争的任务，阐明了马克思和恩格斯对待一些重要理论问题和实践问题的策略和态度，为我们党的理论建设、抗战策略和方针政策的制定提供了有力的思想武器。因此，研究《马恩通信选集》的编译和传播过程对于我们从一个侧面来了解马克思主义在中国的传播历程具有重要的理论意义和历史价值。目前，国内外还没有一篇或一部关于延安解放社《马恩通信选集》的编译、传播以及内容的研究论文或著作，仅仅是在《马克思恩格斯著作中译文综录》《马克思恩格斯著作在中国的传播》等著作中，将其作为马克思和恩格斯著作在中国的传播过程中的一本编译著作进行简要介绍，而关于其选编的原文出处、编译过程和出版传播等情况，以及译文的比对分析等都没有研究性的著作或论文，本书旨在略微填补这一空白。

《马恩通信选集》原版考释

　　由柯柏年、艾思奇、景林翻译的《马恩通信选集》是中国自行编译的第一本马克思和恩格斯书信集，其历史价值和实践意义不言而喻。这部书信选集没有译者前言或译后记，关于其所选登的书信来源，主要根据译者之一柯柏年的回忆文章《我译马克思和恩格斯著作的简单经历》来确定。柯柏年在这篇文章中写道："那时（指在延安马列学院时期——本文作者注），苏联出版了马克思文选两卷集，其中有些著作虽已有中译文，但需要改译；许多著作还没有译成中文，需要补译。张闻天同志是马列学院院长，他亲自抓这项工作。……从一九三八年到一九四〇年，我们用了近三年的时间把这两卷集的文选统统译完了。……两卷集的马克思文选，虽只选了马、恩书信中的很小一部分，但选的都是有关马克思主义的理论和工人运动的非常重要的书信。我译的只是其中关于无产阶级政党的信和关于爱尔兰问题的信。关于历史唯物主义的信和关于俄国问题的信分别由艾思奇同志和景林同志翻译。"[①] 由此，我们可以得知，这些书信来自于苏联出版的《马克思文选》（两卷集）。《马克思恩格斯著作在中国的传播》一书的编者就指出："《马恩通信选集》译自阿多拉茨基编辑的、1933 年莫斯科版《马克思文选》的书信部分，共收入书信 31 封，分为《为无产阶级政党而斗争的书信》《关于唯物史观的

---

　　① 中共中央马克思恩格斯列宁斯大林著作编译局马恩室编：《马克思恩格斯著作在中国的传播》，人民出版社 1983 年版，第 31—32 页。

书信》《论爱尔兰问题》《论俄国》等四个部分。"①

但是，《马恩通信选集》译者之一艾思奇在 1951 年 7 月由学习杂志社出版的《马克思·恩格斯关于历史唯物论的信》的单行本中，写了一段简短的译者前言："本书所包括的九封信，是从一九三四年'莫斯科－列宁格勒外国工人出版局'所出版的德文本《马克思选集》里译出来的，曾在延安发表过。由于以前的译本错误很多，需要改正；又由于此稿的内容对于马克思主义的思想方法有很精彩的阐述，可以作为学习实践论的参考读物，故特重新译出，以供目前的需要。"② 而且根据何锡麟的回忆，作为《马恩通信选集》译者之一的景林"曾在德国学电机，当时参加德文翻译工作"③。那么，基本可以确定柯柏年、艾思奇、景林是根据 1934 年莫斯科－列宁格勒外国工人出版局出版的《马克思文选》德文版中的书信部分编译了《马恩通信选集》。

难道是《马克思恩格斯著作在中国的传播》一书的编者搞错了吗？不是。《马克思文选》（两卷集）确实是莫斯科马克思恩格斯列宁研究院花了近 5 年的时间进行精心编辑，于 1933 年为纪念马克思逝世 50 周年而出版的俄文版马克思主义创始人著作选集。其主编是时任马克思恩格斯列宁研究院的院长 B. B. 阿多拉茨基（B. B. Адоратский）。出版《马克思文选》俄文版在当时是一件前所未有的大事，甚至可以说，《马克

---

① 中共中央马克思恩格斯列宁斯大林著作编译局马恩室编：《马克思恩格斯著作在中国的传播》，人民出版社 1983 年版，第 301 页。

② 学习杂志编译部编：《马克思·恩格斯关于历史唯物论的信》，艾思奇译，学习杂志社 1951 年版，译者前言。

③ 中共中央马克思恩格斯列宁斯大林著作编译局马恩室编：《马克思恩格斯著作在中国的传播》，人民出版社 1983 年版，第 127 页。

思文选》俄文版是马克思主义史上第一部完整意义上的马克思和恩格斯著作选集①。阿多拉茨基为《马克思文选》每一卷都写了前言，在第 I 卷的前言中，他指出："值得注意的是，按照联共（布）中央委员会指示出版的这部选集，实际上也是第一部同类出版物，到目前为止，还没有一部像这部作品一样，收录了涵盖马克思的所有时期的活动和他的理论的全部组成部分的马克思选集的普及图书。社会民主党人甚至都没有提出过类似的任务。"② 那时，《马克思恩格斯全集》俄文第 1 版还没有出齐，这部《马克思文选》在相当长的时间内都是苏联国内外唯一的一部马克思主义创始人的著作集。同时，因其只有两卷，也比较方便广大普通群众阅读和掌握马克思主义，这部选集的发行量很大，并且被苏联的莫斯科—列宁格勒外国工人出版局译成多种民族文字和外国文字出版，其中就包括德文版。因此，《马恩通信选集》中的书信虽然译自德文版《马克思文选》，而实际上它的真正母本是俄文版《马克思文选》。

---

　　①1897 年，爱琳娜·马克思-艾威林和她的丈夫爱德华·艾威林出版了一部马克思文集《东方问题》。这部文集收录了马克思于 19 世纪 50 年代发表在《纽约每日论坛报》上的一些与东方问题、克里木战争相关问题的文章和书信。1917 年，梁赞诺夫出版了《马克思恩格斯著作集：1852—1862》第一、二卷。其中收录了 1852—1854 年马克思和恩格斯在《纽约每日论坛报》、《人民报》（英文版）和《新奥得报》上的文章和书信（参见赵玉兰：《从 MEGA1 到 MEGA2 的历程——〈马克思恩格斯全集〉历史考证版的诞生与发展》，中国社会科学出版社 2013 年版，第 23、34 页）。这两部马恩著作集属于专题性质的或特定时期性质的文集。

　　②Под редакцией В. В. Адоратского, Карл Маркс Избранные произведения, Том I, Издательство ЦК ВКП(б), 1934, с. X VI.

一、写作及出版背景

1. 时代背景

20 世纪 20 年代末到 30 年代初，为了完成全面建设社会主义的任务，苏联亟须大量的马克思主义理论出版物，特别是一些马克思主义创始人的重要著作最新译本的单行本或著作集。这些理论出版物必须"同党在思想战线上的斗争，同新的社会主义文化形成过程，同在广大劳动群众中宣传马克思列宁主义学说，同批判歪曲这一学说的行为紧密联系在一起"[①]。当时，莫斯科马克思恩格斯研究院正在编译《马克思恩格斯全集》俄文版，但进展相当缓慢。因为第一任马克思恩格斯研究院院长 Д. Б. 梁赞诺夫（Д. Б. Рязанов）认为，单单辨识马克思和恩格斯手稿的字迹这一项工作就需要耗费大量的精力和时间，而把这些辨识出来的资料仅仅编译成俄文版的《马克思恩格斯全集》就太浪费了，他决定在编译俄文版的同时筹备出版《马克思恩格斯全集》历史考证版（MEGA）。但这两项工作都是较为长期的任务，远远不能满足苏联社会的现实需要。因此，编译和出版收文较精、部头不大的马克思主义经典著作选集也成为联共（布）中央布置给马克思恩格斯研究院的重要任务。这一要求也反映在了 1929 年 6 月 14 日联共（布）中央决议中："应当加快用俄语和国际语言进行科学研究活动的速度和扩展研究工作"，希望在 1932

---

①Литературное наследство К. Маркса и Ф. Энгельса: История публикации и изучения в СССР, Политиздат, 1969, c.204.

年前结束俄文版《马克思恩格斯全集》的出版工作。同时建议研究院准备出版适合大众的、廉价的俄文版《马克思恩格斯选集》[①]。事实上，不仅《马克思恩格斯全集》俄文第1版的全部28卷直到1947年才出齐，而且编译《马克思文选》这部马克思主义创始人的经典著作选集，马克思恩格斯研究院也用了近5年的时间。

2. 主编阿多拉茨基与马恩书信

《马克思文选》的主编阿多拉茨基是莫斯科马克思恩格斯研究院的第二任院长。他与马克思和恩格斯书信的渊源颇深，这也与列宁十分重视马恩书信有关。1920年8月，列宁在克里姆林宫与阿多拉茨基商谈，委托他做一项重要的、具有国际意义的事情，即编辑出版《马克思恩格斯书信选集》。在筹备和编辑书信集的两年多的时间里，列宁多次写信或便条给阿多拉茨基，给予具体的指导和帮助。

1922年底，阿多拉茨基编辑并作序的《马克思恩格斯书信选集》俄文版（书名为《书信集。马克思和恩格斯通信中的理论和政治》）由莫斯科工人出版社出版。这是苏维埃俄国成立后自主编辑的第一部马克思和恩格斯书信集。这部书信集获得了广泛的赞誉，"由阿多拉茨基筹备的小书信集的出版在苏联引起很大的正面反响。这一时期，在已经出版了马克思主义创始人大量的早期不太著名的书信集的情况下，出版一本内容更为广泛，更加满足现代读者的科学需求的书信集就尤为必要

---

①Е.Кандель составил, О публикации литературного наследства К.Маркса и Ф.Энгельса, Государственное издательство политической литературы, 1947, с.32.

了"①。到 1931 年，阿多拉茨基编的《马克思恩格斯书信选集》再版了 4 次，还出版了多种外文版，这为马克思主义在苏联的广泛传播起了极大的作用。

在这一基础上，收录于《马克思文选》的马克思和恩格斯的书信都是阿多拉茨基经过精心挑选和认真校译的，更为重要的是，这些书信在文选中是按照专题收录的，这不仅给读者带来了阅读上的方便，而且让一些重要的马恩书信成为马克思主义文献史上的经典②。

3.《马克思文选》的结构及其与马恩书信的关系

《马克思文选》分为两卷，其中除了收录马克思的重要著作外，还收录了恩格斯的重要著作、马恩合著的重要篇目及他们的书信，"因此，两卷集在相当大的程度上说来，不仅是马克思而且也是恩格斯的著作选集"③。在这里，这些著作主要是按照专题排列。阿多拉茨基在前言中指出，《马克思文选》"第Ⅰ卷主要包括那些一般理论问题的文章和著作，例如辩证唯物主义、经济学理论、关于无产阶级政党的学说、关于无产阶级历史任务及其历史作用学说的文章和著作，这些文章和著作能够为科学世界观提供理论依据。第Ⅱ卷主要是马克思和恩格斯的历史著作和

---

①Е.Кандель составил, О публикации литературного наследства К.Маркса и Ф.Энгельса, Государственное издательство политической литературы, 1947, с.46.

② 例如，中国马克思主义学者众所周知的、由艾思奇译的小册子《马克思·恩格斯关于历史唯物论的信》（学习杂志社 1951 年版）。

③Л.А.Левин, Библиография произведений К.Маркса и Ф.Энгельса, Государственное издательство, 1948, с.176.

政治著作"①。

实际上，第Ⅰ卷的专题分为导言部分、科学社会主义理论、经济学和哲学。在导言部分主要收录了恩格斯介绍马克思生平活动、简要阐述马克思主义学说的文章，包括《卡尔·马克思》和《在马克思墓前的讲话》；列宁论马克思和马克思主义的著作，包括《卡尔·马克思》《马克思主义的三个来源和三个组成部分》《马克思主义和修正主义》《卡尔·马克思学说的历史命运》；斯大林论列宁主义的文章，以及保尔·拉法格和威廉·李卜克内西撰写的回忆马克思的文章。在科学社会主义理论部分收录了《社会主义从空想到科学的发展》和《共产党宣言》。在经济学部分收录了马克思的《工资、价格和利润》、《〈政治经济学批判〉序言》、《资本论》第二十四章第七节《资本主义积累的历史趋势》，恩格斯的《卡·马克思〈资本论〉第一卷书评——为〈民主周报〉作》《马克思〈资本论〉第二卷序言》等。在哲学部分收录了《关于费尔巴哈的提纲》《路德维希·费尔巴哈和德国古典哲学的终结》，以及马克思和恩格斯关于历史唯物主义的9封书信。

《马克思文选》第Ⅱ卷的专题主要分为，马克思、恩格斯关于历史和工人阶级革命斗争的战略和策略，关于民族解放问题和关于俄国问题。在历史和工人阶级革命斗争的战略和策略部分中收录了恩格斯的《关于共产主义者同盟的历史》《马克思和〈新莱茵报〉（1848—1849）》《德国的革命和反革命》，马克思和恩格斯的《中央委员会告共产主义者同

①Под редакцией В. В. Адоратского, Карл Маркс Избранные произведения, Том I, Издательство ЦК ВКП(б), 1934, с. VII .

盟书》，马克思的《1848 年至 1850 年的法兰西阶级斗争》《路易·波拿巴的雾月十八日》《国际工人协会成立宣言》《法兰西内战》《哥达纲领批判》，以及马克思和恩格斯的一些书信等。马克思和恩格斯关于为无产阶级政党而斗争的书信就收录在这部分结尾，作为这部分中的单独板块，一共包括 17 封书信。在关于民族解放问题部分，首先就是书信板块，即马克思和恩格斯论爱尔兰问题的书信，共 3 封；此外还有 2 篇马克思关于英国在印度统治的文章和 1 封恩格斯致考茨基论殖民地的信（这封信在《马恩通信选集》中作为"论爱尔兰问题"部分的附录）。在关于俄国问题部分，收录了 1 封马克思致恩格斯的书信和恩格斯的《论俄国的社会问题》整本书的内容（包括导言）。

二、各版本说明

《马克思文选》是当时除了尚在编辑出版过程中的《马克思恩格斯全集》俄文第 1 版和历史考证版之外，较为系统的马克思主义经典著作集。两卷集不仅有阿多拉茨基撰写的前言，而且还有编者加的许多注释以及人名索引、名目索引。其中，注释分为原作者注和编者注，均以脚注形式列于每页页下，凡是编者加的，在注释的结尾会有"Ред."的单词缩写，马克思或恩格斯加的则没有，以示区别。此外，《马克思文选》只有两卷，体量适中，选材精当，基本囊括了当时人们所熟知的马克思和恩格斯最为经典的著作，出版当年共印了 20 万册，很快就销售一空，成为苏联"马克思和恩格斯的最重要的著作的最为普及的、广大读者最易得到的版本"①。

《马克思文选》几乎每年都要再版，所有版本的总印数将近 150 万册。1940 年出版了《马克思文选》的最新一版②。这一版由当时的马恩列斯研究院（即原马克思恩格斯研究院，它经过了多次的更名）院长 M. Б. 米丁（М. Б. Митин）主编，他为文选撰写了新的前言。新版文选基本上与 1933 年阿多拉茨基版的版本相同，多增加了一篇斯大林的文章《论辩证唯物主义与历史唯物主义》。在这一版中，马克思和恩格斯著作的译文或者是重新译过的，或者是经过修改的；编者还对书中各种参考资料也作了相应的修改。

《马克思文选》曾被译成苏联四种民族的文字出版，即白俄罗斯文、乌克兰文、格鲁吉亚文和乌兹别克文；还用五种外国文字出版过，即德文、英文、意大利文、波兰文和罗马尼亚文。③

1948 年，马恩列斯研究院出版的新版两卷集，是以马克思和恩格斯的选集形式出版的，取名为《马克思恩格斯选集》，内容也相较《马克思文选》做了扩充，收录了更多的恩格斯的著作，以及文选中未收录

①Л.А.Левин, Библиография произведений К.Маркса и Ф.Энгельса, М.:Государственное издательство, 1948, с.177;

②Под редакцей М. Б. Митина, Карл Маркс Избранные произведения, в двух томах, Государственное издательство политической литературы, 1940.

③1929 年在莫斯科成立了列宁选集中译本校订委员会，负责翻译马列主义著作和《共产国际》杂志等。大致同时又在莫斯科办起了中文印刷厂。在这个基础上，1931 年春，苏联外国工人出版局正式成立。该出版局在 1938 年改名为外国文书籍出版局，出版中文、德文、东欧各语种的经典著作，以扩大马克思主义在世界各国的影响。（参见中共中央马克思恩格斯列宁斯大林著作编译局马恩室编：《马克思恩格斯著作在中国的传播》，人民出版社 1983 年版，第 127 页。Л.А.Левин, Библиография произведений К.Маркса и Ф.Энгельса, Государственное издательство, 1948, с.177.）

的马克思的某些著作，但删减了马克思和恩格斯的部分书信，只在第二卷的最后设立"书简"部分，收录马恩书信共20封。这部《马克思恩格斯选集》（两卷集）从1948年到1955年重印过7次，于1952年和1955年再版过两次；1954年，莫斯科外国文书籍出版局根据1952年版的选集由集体翻译、唯真校订出版了中文版的《马克思恩格斯文选》（两卷集）。现把1933年俄文版《马克思文选》（两卷集）与1954年中文版《马克思恩格斯文选》（两卷集）的目录分别列出，以方便读者对照比较：

马克思文选（两卷集）第Ⅰ卷 [①]

目　录

前言。

弗·恩格斯。卡尔·马克思

弗·恩格斯。在马克思墓前的讲话

弗·伊·列宁。卡尔·马克思

弗·伊·列宁。马克思主义的三个来源和三个组成部分

弗·伊·列宁。卡尔·马克思主义和修正主义

弗·伊·列宁。卡尔·马克思学说的历史命运

约·维·斯大林。和第一个美国工人代表团的谈话。1927年9月9日

---

①Под редакцей В. В. Адоратского, Карл Маркс Избранные произведения, Том I, Издательство ЦК ВКП(б), 1934, сс.378—380.

保·拉法格。回忆马克思

威廉·李卜克内西。回忆马克思

弗·恩格斯。社会主义从空想到科学的发展

　　1882 年德文第一版序言

　　1892 年英文版导言

卡·马克思和弗·恩格斯。共产党宣言

　　1872 年德文版序言

　　1882 年俄文版序言

　　1883 年德文版序言

　　1890 年德文版序言

　　共产党宣言

卡·马克思。雇佣劳动与资本　恩格斯写的导言

卡·马克思。工资、价格和利润

弗·恩格斯。马克思《资本论》

弗·恩格斯。马克思《资本论》第二卷序言

卡·马克思。资本主义积累的历史趋势。摘自《资本论》第

一卷第二十四章

卡·马克思。《政治经济学批判》序言

弗·恩格斯。卡·马克思《政治经济学批判》

卡·马克思和弗·恩格斯。关于历史唯物主义的书信

　　马克思致帕·瓦·安年科夫。1846 年 12 月 28 日

　　马克思致约·魏德迈。1852 年 3 月 5 日

　　马克思致恩格斯。1857 年 9 月 25 日

马克思致恩格斯。1866 年 7 月 7 日

恩格斯致康·施米特。1890 年 8 月 5 日

恩格斯致约·布洛赫。1890 年 9 月 21 日

恩格斯致康·施米特。1890 年 10 月 27 日

恩格斯致海·施塔尔根堡。1894 年 1 月 25 日[①]

恩格斯致梅林。1893 年 7 月 14 日

弗·恩格斯。关于历史唯物主义

弗·恩格斯。路德维希·费尔巴哈和德国古典哲学的终结

序言

路德维希·费尔巴哈和德国古典哲学的终结

卡·马克思。关于费尔巴哈的提纲

马克思恩格斯文选（两卷集）第一卷[②]

目　次

序言

卡·马克思和弗·恩格斯合著。共产党宣言

一八七二年德文版序

---

① 这封信在《马克思文选》中的标题是《恩格斯致海·施塔尔根堡（1894 年 1 月 25 日）》。但这封信其实是恩格斯写给布勒斯劳的德国大学生瓦尔特·博尔吉乌斯（Walter Borgius）的，在信中答复了这名大学生提出的问题。1895 年 10 月，这封信由《社会主义大学生》杂志撰稿人海·施塔尔根堡（Г.Штаркенбург）发表在该杂志上（参见中央编译局编译：《马克思恩格斯生平事业年表》，人民出版社 1976 年版，第 551 页）。《马克思文选》的编者当时可能没有考证清楚，认为这封信是恩格斯写给海·施塔尔根堡的，直到《马克思恩格斯全集》俄文第 2 版第三十九卷才修正了这个问题。

② 《马克思恩格斯文选》（两卷集）第一卷，莫斯科外国文书籍出版局 1954 年版，第 XII—X 页。

一八八二年俄文版序

一八八三年德文版序

一八九零年德文版序摘录

共产党宣言

卡·马克思著。资产阶级与反革命。论文二

卡·马克思著。雇佣劳动与资本

弗·恩格斯作的导言

雇佣劳动与资本

卡·马克思和弗·恩格斯合著。中央委员会告共产主义者同盟书

卡·马克思著。一八四八年至一八五〇年的法兰西阶级斗争

弗·恩格斯作的导言

一八四八年至一八五〇年的法兰西阶级斗争

卡·马克思著。路易·波拿巴政变记

卡·马克思为本书第二版作的序言

弗·恩格斯为本书德文第三版作的序言

路易·波拿巴政变记

卡·马克思著。不列颠在印度的统治

卡·马克思著。不列颠在印度统治的未来结果

卡·马克思著。在《人民报》创刊四周年纪念会上的演说

卡·马克思著。《政治经济学批判》一书序言

弗·恩格斯著。论卡尔·马克思著《政治经济学批判》一

书

卡·马克思著。国际工人协会成立宣言

卡·马克思著。国际工人协会共同规章

卡·马克思著。论蒲鲁东（给施维泽尔的信）

卡·马克思著。工资、价值和利润

卡·马克思著。《资本论》第一卷德文初版序言

卡·马克思著。《资本论》第一卷德文第二版跋文摘录

卡·马克思著。资本主义积累的历史趋势。摘自《资本论》第一卷第二十四章

弗·恩格斯著。马克思著的《资本论》

弗·恩格斯著。《资本论》第二卷序言（摘录）

卡·马克思著。法兰西内战

弗·恩格斯作的导言

国际工人协会总委员会关于普法战争的第一篇宣言

国际工人协会总委员会关于普法战争的第二篇宣言

国际工人协会总委员会关于一八七一年法兰西内战的宣言

附录

弗·恩格斯著。论住宅问题

第二版序言

论住宅问题

弗·恩格斯著。论权威

弗·恩格斯著。《德国农民战争》一书序言

马克思文选（两卷集）第Ⅱ卷 [①]

目　录

---

①Под редакцей В. В. Адоратского, Карл Маркс Избранные произведения, Том II, Партиздат ЦК ВКП(б), 1935, cc.565—567.

国际工人协会总委员会关于普法战争的第一篇宣言

国际工人协会总委员会关于普法战争的第二篇宣言

国际工人协会总委员会关于 1871 年法兰西内战宣言

卡·马克思。摘自致库格曼关于巴黎公社的信。1871 年 4 月 12 日

马克思致库格曼。1871 年 4 月 17 日

弗·恩格斯。《德国农民战争》序言（1874 年）

卡·马克思。哥达纲领批判

弗·恩格斯作的序言

卡·马克思。致威廉·白拉克的信。1875 年 5 月 5 日

卡·马克思。德国工人党纲领批注

弗·恩格斯。致奥·倍倍尔的信。1875 年 3 月 18[—28] 日

弗·恩格斯。致考茨基的信。1891 年 2 月 23 日

卡·马克思和弗·恩格斯。关于为无产阶级政党而斗争的书信

马克思致恩格斯。1864 年 11 月 4 日

马克思致库格曼。1865 年 2 月 23 日

马克思致库格曼。1866 年 10 月 9 日

马克思致恩格斯。1867 年 9 月 11 日

马克思致恩格斯。1869 年 3 月 5 日

马克思致弗·波尔特。1871 年 11 月 23 日

恩格斯致库诺。1872 年 1 月 24 日

恩格斯致奥·倍倍尔。1873 年 6 月 20 日

恩格斯致弗·左尔格。1874 年 12 月 12[—17] 日

马克思致弗·左尔格。1877 年 10 月 19 日

恩格斯致约·菲·贝克尔。1885 年 6 月 15 日

恩格斯致约·菲·贝克尔。1879 年 7 月 1 日

马克思和恩格斯致倍倍尔、李卜克内西、白拉克等人。1879 年 9 月中

恩格斯致奥·倍倍尔。1879 年 11 月 14 日

恩格斯致爱·伯恩施坦。1881 年 10 月 25 日

恩格斯致爱·伯恩施坦。1881 年 11 月 30 日

恩格斯致奥·倍倍尔。1882 年 10 月 28 日

卡·马克思和弗·恩格斯。关于爱尔兰的书信

恩格斯致马克思。1856 年 5 月 23 日

马克思致路·库格曼。1869 年 11 月 29 日

马克思致迈耶尔和福格特。1870 年 4 月 9 日

卡·马克思。不列颠在印度的统治

卡·马克思。不列颠在印度统治的未来结果

弗·恩格斯。摘自给考茨基关于殖民地的信。1882 年 9 月 12 日

卡·马克思和弗·恩格斯。关于俄国

马克思致弗·左尔格。1877 年 9 月 27 日

恩格斯关于俄国社会状况

马克思恩格斯文选（两卷集）第二卷[①]

目　次

---

① 《马克思恩格斯文选》（两卷集）第二卷，莫斯科外国文书籍出版局 1955 年版，第 7—9 页。

弗·恩格斯著。马克思与新莱茵报（一八四八至一八四九年）

弗·恩格斯著。关于共产主义者同盟的历史

弗·恩格斯著。费尔巴哈与德国古典哲学的终结

　　序言

　　费尔巴哈与德国古典哲学的终结

卡·马克思著。费尔巴哈论纲

弗·恩格斯著。《英国工人阶级状况》一书序言

弗·恩格斯著。法德农民问题

卡·马克思和弗·恩格斯合著。书简

　　马克思：致巴·瓦·安年科夫。一八四六年十二月二十八日

　　马克思：致约·卫登麦尔。一八五二年三月五日

　　马克思：致恩格斯。一八五七年九月二十五日

　　马克思：致留·库格曼。一八六五年二月二十三日

　　马克思：致留·库格曼。一八六六年十月九日

　　马克思：致留·库格曼。一八六八年七月十一日

　　马克思：致留·库格曼。一八七一年四月十二日

　　马克思：致留·库格曼。一八七一年十一月二十三日

　　马克思：致弗·波尔特。一八七一年十一月二十三日

　　马克思：致乔·库诺。一八七二年一月二十四日

　　马克思：致奥·倍倍尔。一八七三年六月二十日

　　恩格斯：致弗·阿·左尔格。一八七四年九月十二至十七日

　　马克思和恩格斯：致奥·倍倍尔、威·李卜克内西、威·布拉
格等人（《通告信》）。一八七九年九月十七至十八日

　　恩格斯：致康·施米特。一八九〇年八月五日

　　恩格斯：致约·布洛赫。一八九〇年九月二十一至二十二日

　　恩格斯：致弗梅林格。一八九三年十月十七日

　　恩格斯：致尼·弗·丹尼尔斯昂。一八九三年十月十七日

　　恩格斯：致亨·施塔尔肯堡。一八九四年一月二十五日

三、内容简介

　　在这里，我们介绍一下收录在《马恩通信选集》中的书信内容。

1. 为无产阶级政党而斗争的书信（17封）[①]

　　马克思和恩格斯在这些书信中结合不同时期的革命斗争实践，用科学的理论帮助各国无产阶级及其政党确立科学的指导思想，制定革命的行动纲领。同时也对无产阶级运动和无产阶级政党中出现的各种错误进行分析和批判，揭露其背后的错误思潮并与之进行坚决的斗争，消除不良影响，捍卫他们所制定的关于无产阶级运动的斗争目的和形式、无产阶级政党的性质和地位的原则。

　　《马克思致恩格斯（1864年11月4日）》（节选）[②]。马克思在信中详细地向恩格斯讲述了国际工人协会，即第一国际在1864年9—11

――――――――――――

　　①Под редакцей В. В. Адоратского, Карл Маркс Избранные произведения, Том Ⅱ , Партиздат ЦК ВКП(б),1935, сс.481—509.

　　②《马克思恩格斯文集》第十卷，人民出版社2009年版，第212—216页。

月的创建过程，以及他起草《国际工人协会成立宣言》和《协会临时章程》的情况。

《马克思致路德维希·库格曼（1865 年 2 月 23 日）》①。马克思在信中全面阐述了自己与拉萨尔的主要分歧，同时揭露了施韦泽向俾斯麦谄媚的实质，即愚蠢地害怕失掉自己的重要性，不敢公开反对德国人所称的"现实政策"。

《马克思致路德维希·库格曼（1866 年 10 月 9 日）》②。马克思在信中肯定了国际工人协会于 1866 年 9 月 3—8 日在日内瓦召开的第一次代表大会和 8 月 20—25 日在巴尔的摩召开的美国工人代表大会所取得的胜利。在日内瓦代表大会中由马克思执笔的《给临时中央委员会代表的关于若干问题的指示》（以下简称"《指示》"）作为中央委员会的正式报告被大会讨论，虽然有蒲鲁东主义者对其横加反对，但最终《指示》中的九项内容有六项作为大会决议通过。因此，马克思在信中还揭露了蒲鲁东主义所宣扬的所谓个人主义的虚假性。

《马克思致恩格斯（1867 年 9 月 11 日）》③。马克思在信中向恩格斯通告了近期由他们领导的国际工人协会在工人运动中所取得的成就和所获得的支持。

《马克思致恩格斯（1869 年 3 月 5 日）》④。马克思在信中叙述了由他起草的国际工人协会总委员会致社会主义民主同盟中央局的复

①《马克思恩格斯文集》第十卷，人民出版社 2009 年版，第 219—224 页。

②《马克思恩格斯文集》第十卷，人民出版社 2009 年版，第 242—244 页。

③《马克思恩格斯全集》第三十一卷，人民出版社 1972 年版，第 347—349 页。

④《马克思恩格斯文集》第十卷，人民出版社 2009 年版，第 300—301 页。

信的草稿的内容。后来这个草稿在 3 月 9 日的总委员会会议上获得一致通过。

《马克思致弗里德里希·波尔特（1871 年 11 月 23 日）》（节选）①。马克思在信中指出，第一国际的历史就是与各种社会主义的宗派主义作坚决斗争，包括蒲鲁东主义、拉萨尔主义和巴枯宁主义等。信中还着重介绍了 1871 年 9 月 17—23 日在伦敦秘密举行的国际工人协会伦敦代表会议第九项决议关于必须在每个国家建立以工人阶级夺取政权为目标的独立的无产阶级政党的意义。

《恩格斯致泰奥多尔·库诺（1872 年 1 月 24 日）》（节选）②。恩格斯在信中详细地揭露了巴枯宁在第一国际内部进行的反对以马克思和恩格斯为首的总委员会的阴谋活动背后的理论支撑，即巴枯宁主义的错误。

《恩格斯致奥古斯特·倍倍尔（1873 年 6 月 20 日）》（节选）③。恩格斯在信中以第一国际的历史为例，帮助德国社会民主工党，即爱森纳赫派的领导人树立不害怕分裂、坚决与宗派主义作斗争的勇气和决心。

《恩格斯致弗里德里希·阿道夫·左尔格（1874 年 9 月 12—17 日）》（节选）④。恩格斯在信中简要地回顾了第一国际的兴衰成败，并对新国际的创立作出了科学判断。

---

① 《马克思恩格斯文集》第十卷，人民出版社 2009 年版，第 367—369 页。
② 《马克思恩格斯文集》第十卷，人民出版社 2009 年版，第 376—383 页。
③ 《马克思恩格斯文集》第十卷，人民出版社 2009 年版，第 390—393 页。
④ 《马克思恩格斯文集》第十卷，人民出版社 2009 年版，第 398—399 页。

《马克思致弗里德里希·阿道夫·左尔格（1877年10月19日）》（节选）①。马克思在信中严厉地批判了这一时期在德国社会民主工党内流行的各种错误思潮，认为这些错误思潮是从科学社会主义向空想社会主义的倒退。

《恩格斯致约翰·菲力浦·贝克尔（1885年6月15日）》②。恩格斯在信中告诫德国社会民主党，现在党内可以允许有小市民社会主义右翼的存在，但只要他们有企图抹杀党的无产阶级性质的举动，就不要害怕分裂，坚决把他们驱逐出党。

《恩格斯致约翰·菲力浦·贝克尔（1879年7月1日）》③。恩格斯在信中批评李卜克内西1879年3月17日在帝国国会中关于社会民主党将遵守反社会党人非常法以及否定"暴力"革命的表态，指出这种温和态度只会对党产生危害。

《给奥·倍倍尔、威·李卜克内西、威·白拉克等人的通告信（1879年9月16—18日）》④。这封信是马克思和恩格斯反对机会主义、阐述无产阶级政党的性质和作用的重要文献。在信中他们揭露了卡·赫希柏格、爱·伯恩施坦、奥·施拉姆三人在苏黎世《社会科学和社会政治年鉴》上发表的《德国社会主义运动的回顾》一文的右倾机会主义实质，批判了他们企图把党变成改良主义政党的主张，并再次宣扬了马克思和恩格斯在《共产党宣言》中所提出的斗争主张。

---

① 《马克思恩格斯文集》第十卷，人民出版社2009年版，第420—421页。

② 《马克思恩格斯全集》第三十六卷，人民出版社1975年版，第324—326页。

③ 《马克思恩格斯全集》第三十四卷，人民出版社1972年版，第356—357页。

④ 《马克思恩格斯文集》第三卷，人民出版社2009年版，第468—485页。

《恩格斯致奥古斯特·倍倍尔（1879 年 11 月 14 日）》①。恩格斯在信中批评德国社会民主党的机关报《社会民主党人报》的各种错误立场，指出机关报刊载的文章要维护党的性质和保护党的同志，要发表"时常根据适用于各国现代无产阶级运动的理论原则来衡量事态和言论"②的文章。

《恩格斯致爱德华·伯恩施坦（1881 年 10 月 25 日）》（节选）③。恩格斯在信中叙述了法国社会主义者盖得和拉法格同马克思和恩格斯一起于 1880 年 5 月共同制定法国工人党纲领的过程。

《恩格斯致爱德华·伯恩施坦（1881 年 11 月 30 日）》④。恩格斯在信中简要回顾了 1848 年欧洲革命以来德国无产阶级的发展和变化。

《恩格斯致奥古斯特·倍倍尔（1882 年 10 月 28 日）》⑤。恩格斯在信中对 1882 年 9 月 25 日在圣艾蒂安召开的法国工人党例行代表大会上所发生的马克思派与可能派的分裂事件作出说明，并再次重申，"团结一致是很好的，但还有高于团结一致的东西"⑥，如果牺牲了运动的无产阶级的阶级性，就要与其进行斗争。

---

① 《马克思恩格斯全集》第三十四卷，人民出版社 1972 年版，第 393—399 页。
② 《马克思恩格斯全集》第三十四卷，人民出版社 1972 年版，第 399 页。
③ 《马克思恩格斯文集》第十卷，人民出版社 2009 年版，第 466—468 页。
④ 《马克思恩格斯全集》第三十五卷，人民出版社 1971 年版，第 228—231 页。
⑤ 《马克思恩格斯文集》第十卷，人民出版社 2009 年版，第 484—486 页。
⑥ 《马克思恩格斯文集》第十卷，人民出版社 2009 年版，第 486 页。

2.马克思和恩格斯关于唯物史观的书信（9封）[①]

马克思和恩格斯在这些书信中简明扼要地阐述了唯物史观的基本观点，揭示了社会运动和发展的历史规律，并结合不同时期的重要历史事件阐明了唯物史观的指导意义，批判了各种各样的把唯物史观片面化、庸俗化的错误观念。

《马克思致帕维尔·瓦西里耶维奇·安年科夫（1846 年 12 月 28 日）》[②]。马克思在信中对蒲鲁东的《贫困的哲学》作了详细的分析批判，同时阐述了生产力和生产关系、经济基础和上层建筑之间关系的唯物史观原理。

《马克思致约瑟夫·魏德迈（1852 年 3 月 5 日）》（节选）[③]。马克思在信中明确指出他对既有的阶级斗争理论的新发展包括三点：“**阶级的存在仅仅同生产发展的一定历史阶段相联系**”；“**阶级斗争必然导致无产阶级专政**”；“**这个专政不过是达到消灭一切阶级和进入无阶级社会**的过渡”[④]。

《马克思致恩格斯（1857 年 9 月 25 日）》（节选）[⑤]。马克思在信中简要地阐述了军队的历史是对生产力和社会关系之间辩证关系的一个证明。

---

①Под редакцей В. В. Адоратского, Карл Маркс Избранные произведения, Том I, Издательство ЦК ВКП(б), 1934, сс.286—303.

②《马克思恩格斯文集》第十卷，人民出版社 2009 年版，第 41—53 页。

③《马克思恩格斯文集》第十卷，人民出版社 2009 年版，第 106 页。

④《马克思恩格斯文集》第十卷，人民出版社 2009 年版，第 106 页。

⑤《马克思恩格斯文集》第十卷，人民出版社 2009 年版，第 135—136 页。

《马克思致恩格斯（1866 年 7 月 7 日）》（节选）[①]。马克思在信中建议恩格斯撰写关于生产资料决定劳动组织的理论的文章，并作为附录放在《资本论》第一卷中。

《恩格斯致康拉德·施米特（1890 年 8 月 5 日）》（节选）[②]。恩格斯在信中批判那种对各种事物用"历史唯物主义"贴标签就万事大吉的做法，指出要认真研究全部历史，只有这样才能得出真正的科学的观点。

《恩格斯致约瑟夫·布洛赫（1890 年 9 月 21—22 日）》（节选）[③]。恩格斯在信中批判了所谓经济唯物主义观点，强调历史进程表现为社会生活各种因素间的相互作用，是其合力，对参与作用的因素都要认真研究。

《恩格斯致康拉德·施米特（1890 年 10 月 27 日）》[④]。恩格斯在信中详细地重申了唯物史观中关于分工、国家、经济基础和上层建筑等观点。

《恩格斯致弗兰茨·梅林（1893 年 7 月 14 日）》[⑤]。恩格斯在信中揭示了意识形态的产生过程，批判了那些形形色色的"意识形态家们"的错误观点。

《恩格斯致瓦尔特·博尔吉乌斯（1894 年 1 月 25 日）》[⑥]。恩格

---

① 《马克思恩格斯文集》第十卷，人民出版社 2009 年版，第 238—239 页。
② 《马克思恩格斯文集》第十卷，人民出版社 2009 年版，第 585—588 页。
③ 《马克思恩格斯文集》第十卷，人民出版社 2009 年版，第 591—594 页。
④ 《马克思恩格斯文集》第十卷，人民出版社 2009 年版，第 594—601 页。
⑤ 《马克思恩格斯文集》第十卷，人民出版社 2009 年版，第 656—661 页。
⑥ 《马克思恩格斯文集》第十卷，人民出版社 2009 年版，第 667—670 页。

斯在信中着重指出，生产和再生产是历史过程的决定因素，但是国家、法、意识形态等因素具有相对独立性并对经济基础和历史进程产生反作用。人民群众是历史的创造者，历史发展是偶然性和必然性的辩证统一。

3. 论爱尔兰问题（3 封）[①] 和关于殖民地的信（1 封）[②]

在这些书信中马克思和恩格斯揭露了帝国主义给殖民地造成的灾难，支持被压迫民族进行反殖民统治的斗争，同时阐明了国际工人阶级和工人运动对待争取民族解放斗争应有的态度和原则。

《恩格斯致马克思（1856 年 5 月 23 日）》[③]。1856 年 5 月中旬，恩格斯到爱尔兰旅行，在信中他详细地描述了作为英国殖民地的爱尔兰，在长期的奴役和压迫下人民的状况和社会政治、经济的情况。

《马克思致路德维希·库格曼（1869 年 11 月 29 日）》（节选）[④]。马克思在信中对英国的工人阶级大声疾呼，英国无产阶级基于自己的利益要求，要与英国统治阶级对待爱尔兰的殖民压迫政策一刀两断，支持爱尔兰民族的自由独立，撼动英国土地寡头政权的前哨，这样才有可能摧毁他们的本土阵地。

《马克思致齐格弗里德·迈耶尔和奥古斯特·福格特（1870 年 4

---

①Под редакцей В. В. Адоратского, Карл Маркс Избранные произведения, Том II, Партиздат ЦК ВКП(б), 1935, cc.510—516.

②Под редакцей В. В. Адоратского, Карл Маркс Избранные произведения, Том II, Партиздат ЦК ВКП(б), 1935, cc.531—532.

③《马克思恩格斯文集》第十卷，人民出版社 2009 年版，第 132—134 页。

④《马克思恩格斯文集》第十卷，人民出版社 2009 年版，第 313—315 页。

月 9 日）》（节选）①。马克思在信中简略地阐述了爱尔兰的民族斗争和工人阶级解放的关系，进而阐述了第一国际对爱尔兰问题应该采取的态度。

《恩格斯致卡尔·考茨基（1882 年 9 月 12 日）》（节选）②（在《马克思文选》中，这封信是单独的，不在"论爱尔兰问题"专题中）。恩格斯在这封信中讨论了无产阶级在夺取政权并建立无产阶级专政后，应该对殖民地的人民采取怎样的政策。他指出："胜利了的无产阶级不能强迫他国人民接受任何替他们造福的办法，否则就会断送自己的胜利。"③

4. 马恩论俄国 ④（1 封）

《马克思致弗里德里希·阿道夫·左尔格（1877 年 9 月 27 日）》⑤。马克思在信中简要地分析了 1877 年俄土战争对俄国革命形势的影响，以及一旦俄国发生革命，其对欧洲反动势力的影响和国际意义。

恩格斯：《俄国社会状况》。这篇长文是由《〈论俄国的社会问题〉一书导言》⑥（以下简称《导言》）和恩格斯在 1874 年 5 月中旬至 1875

---

① 《马克思恩格斯文集》第十卷，人民出版社 2009 年版，第 326—330 页。

② 《马克思恩格斯文集》第十卷，人民出版社 2009 年版，第 480—481 页。

③ 《马克思恩格斯全集》第十卷，人民出版社 2009 年版，第 481 页。

④ Под редакцей В. В. Адоратского, Карл Маркс Избранные произведения, ТомII, Партиздат ЦК ВКП(б), 1935, cc.533—547.

⑤ 《马克思恩格斯全集》第三十四卷，人民出版社 1972 年版，第 272—276 页。

⑥ 《马克思恩格斯全集》第二十五卷，人民出版社 2001 年版，第 34—37 页。

年 4 月撰写的《流亡者文献》一组文章中的第五篇《论俄国的社会问题》①
组成。1875 年 6 月底到 7 月初，这篇文章以单行本的形式在莱比锡出版。
《导言》写于 1875 年 5 月下半月。在《导言》中，恩格斯指出了俄国
革命的国际意义，特别阐述了工人运动与波兰人民争取恢复波兰的独立
的斗争之间存在联系。在正文中，恩格斯对俄国，特别是对 1861 年以
来关于俄国农村社会发展的新文献进行了深入研究。他认为，俄国国内
政治和经济矛盾迅速激化，革命运动高涨，俄国社会的发展对国际工人
运动，尤其是对德国工人运动具有重大的意义。

---

①《马克思恩格斯文集》第三卷，人民出版社 2009 年版，第 389—402 页。

《马恩通信选集》柯柏年、艾思奇、景林译本考释

一、译介背景

　　《马恩通信选集》系 1938—1942 年间延安解放社出版的"马克思恩格斯丛书"中的第七种。"马克思恩格斯丛书"共十种，包括《共产党宣言》《法兰西内战》等一系列马克思和恩格斯的重要著作，这些著作基本选译自阿多拉茨基主编的《马克思文选》（两卷集）。此外，延安解放社还出版了两大选集，即《列宁选集》18 卷和《斯大林选集》5 卷。有学者指出，抗日战争时期"是马列经典著作翻译与传播史上最有成就的时期，该时期对马列著作的翻译与传播超过以往任何历史时期"[①]，据不完全统计，1921—1949 年，全国翻译出版的马克思主义著作共 522 种，其中 1937—1945 年翻译出版的马恩著作 30 种，列宁著作 57 种，斯大林著作 80 种，马恩列斯合著 25 种，共计 192 种，在 1921—1927 年、1927—1937 年、1937—1945 年和 1945—1949 年四个时期中，数量占比最多[②]。更为重要的是，这一时期翻译出版的马克思主义经典著作不仅数量与新中国成立前各个时期相比是最多的，而且质量也是最好的。这些译著曾被国内很多地区多次翻印再版，极大地促进了马克思主义在中国的传播。

_____

① 王海军：《抗战时期马列著作翻译与传播的历史考察》，载《中共党史研究》2011 年第 5 期。
② 张静庐辑注：《中国现代出版史料·丙编》，中华书局 1957 年版，第 247 页。

1937 年，日本帝国主义加紧侵略中国的步伐，在占领了我国东北、华北地区后，意图侵占整个中国。在中华民族处于生死存亡的关键时刻，国民党政府却施行对外消极抵抗、对内积极反共的政策，这激起了全国人民的极大愤慨和空前觉醒，要求团结抗战、一致对外的呐喊声一浪高过一浪，更掀起了人民群众追求进步思想、探索革命真理的热潮，人们希望读到更多的进步的社会科学著作，这对于推动马克思主义著作的翻译和传播极为有利。此时，中国共产党顾全大局，以国家民族利益为重，倡导和推动第二次国共合作，最终促成了抗日民族统一战线的建立。这使得延安和陕甘宁边区等根据地逐渐安定下来，稳定的外部环境为翻译和传播马克思主义经典著作提供了条件。在做好迎接抗战高潮到来的准备的同时，中共中央深刻地认识到学习和研究马克思主义理论的重要性，毛泽东指出："指导一个伟大的革命运动的政党，如果没有革命理论，没有历史知识，没有对于实际运动的深刻的了解，要取得胜利是不可能的"[1]；同时，中国共产党也深刻地认识到系统总结党的经验教训，努力加强自身建设特别是思想理论建设的紧迫性，"没有大量的真正精通马克思列宁主义革命理论的干部，要完成无产阶级革命是不可能的"[2]。

1938 年 10 月，在党的扩大的六届六中全会上，毛泽东明确提出"马克思主义的中国化"问题，把学习和研究马克思主义的任务提高到重要位置，强调"普遍地深入地研究马克思列宁主义的理论的任务，对于我们，是一个亟待解决并须着重地致力才能解决的大问题……如果我们党

---

[1] 《毛泽东选集》第二卷，人民出版社 1991 年版，第 533 页。
[2] 《延安整风运动纪事》，求实出版社 1982 年版，第 29 页。

有一百个至二百个系统地而不是零碎地、实际地而不是空洞地学会了马克思列宁主义的同志，就会大大地提高我们党的战斗力量，并加速我们战胜日本帝国主义的工作"[1]。因此，"一切有相当研究能力的共产党员，都要研究马克思、恩格斯、列宁、斯大林的理论，都要研究我们民族的历史，都要研究当前运动的情况和趋势；并经过他们去教育那些文化水准较低的党员"[2]。全会要求全党必须自上而下地努力学习马克思主义理论，并把它应用到中国革命的具体实践中。在中共六届六中全会精神的指导下，我们党开始开展党的历史上前所未有的学习运动，以延安为中心的根据地掀起了学习马克思主义理论的热潮。在学习热潮中，党中央设立了干部教育部，专门负责全党干部的学习工作；充分肯定了成立学习小组的做法，以制度化的方式在全党进行推广；设立了"五·五"学习节；建立了中国人民抗日军政大学、鲁迅艺术文学院、陕北公学、马列学院等一系列延安干部学校。

学习马克思主义理论必须要有可靠的文本依据。毛泽东十分重视马克思主义经典著作的翻译工作，他曾指出，经典著作翻译工作是党的重要任务之一。根据他的指示，在 1938 年 5 月 5 日，即纪念马克思诞辰 120 周年之际，党中央成立了延安马列学院，下设编译部，专门负责翻译经典原著。这是我们党历史上第一个编译马克思主义经典著作的专门机构。同时，中央军委也积极响应党中央学习马列经典的号召，于同年 10 月在延安成立了中央军委编译处，专门负责翻译马列军事著作。中

---

① 《毛泽东选集》第二卷，人民出版社 1991 年版，第 533 页。

② 《毛泽东选集》第二卷，人民出版社 1991 年版，第 532—533 页。

央军委编译处主要翻译了恩格斯的军事论文，大都被编入了"抗日战争参考丛书"[①]，为抗战胜利提供了理论指导。毛泽东对翻译人才极为重视。他在党的七大开幕式的讲话中指出："作翻译工作的同志很重要，不要认为翻译工作不好；我们现在需要大翻译家……我们党内能直接看外国书的人很少……首先要翻译马、恩、列、斯的著作，翻译苏联先进的东西和各国马克思主义者的东西。"[②] 还指出："没有搞翻译工作的人我们就看不懂外国的书，他们翻译外国的书，很有功劳……不要轻视搞翻译的同志，如果不搞一点外国的东西，中国哪晓得什么是马列主义？"[③] 正是在毛泽东的关怀和指示下，在党中央的号召和调配下，来自全国各地的知识分子都奔赴延安，形成了抗战时期特有的延安知识分子群体，其中不乏一批哲学家、经济学家、历史学家和艺术家，他们中的许多人如艾思奇、何思敬、何干之、王学文、王思华、何锡麟、成仿吾、徐冰、柯柏年等都有很高的外语水平，为翻译和传播经典著作作出了重要贡献。

正是在党中央的领导下，延安很快就成为中国马克思主义经典著作的翻译和出版中心，这为有组织、有系统、较为科学地大量翻译经典著作创造了条件。中国共产党建立初期，党中央就把传播马克思主义著作

---

① "抗日战争参考丛书"由中央军委编译处编译，包括《恩格斯军事论文选集》（"抗日战争参考丛书"第四种），焦敏之译，曾涌泉校，1939 年 12 月版；《列宁读战争论的笔记》（"抗日战争参考丛书"第五种），杨作林译，何思敬、曹汀合校，1939 年 10 月版；《新德意志帝国建设之际的暴力与经济》（即《暴力在历史中的作用》，"抗日战争参考丛书"第十三种），曹汀译，何思敬校，1940 年 12 月版；《1870—1871 年普法战争》（"抗日战争参考丛书"第十六种），曹汀译，何思敬校，1941 年版，等等。

② 《毛泽东在七大的报告和讲话集》，中央文献出版社 1995 年版，第 147—148 页。

③ 《毛泽东在七大的报告和讲话集》，中央文献出版社 1995 年版，第 227 页。

当作一项重要任务，但那时由于种种条件的限制，只能组织分散的个人单枪匹马地从事翻译工作，不仅数量上不去，译文质量等也得不到应有的保证。而在延安时期，首先，翻译经典著作是有计划进行的。例如，马列学院编译部"先以主要力量从事'马恩丛书'的编译，接下去才翻译《列宁选集》"①。其次，经典著作翻译是集体的智慧结晶。"马克思恩格斯丛书"的编译工作，都是由集体完成的。每位同志的翻译文字，都经过专人校对。就拿《马恩通信选集》来说，该书本身就是由柯柏年、艾思奇和景林三位同志分别翻译一到两个部分，此外，有的部分，如第一部分"为无产阶级政党而斗争的书信"和第四部分"马恩论俄国"，除了由柯柏年和景林翻译外，还由徐冰进行了校对。再如，"马克思恩格斯丛书"中的《拿破仑第三政变记》，即《路易·波拿巴的雾月十八日》，也是先由柯柏年按英文本并对照德文本译出，再由吴黎平按俄文本、英文本并参照德文本校对，这就极大地保证了译文的质量。最后，在经典著作翻译过程中增强了科学性和资料性。为了使广大干部掌握更多关于经典著作的知识背景，这一时期的经典著作翻译较为重视底本的脚注或尾注的翻译，而且一些中文译本的后面会附有相关的学习参考资料。例如《拿破仑第三政变记》译本就附有《1848—1852年法国大事年表》，恩格斯的《资本论提纲》译本，书后附有人名索引。为了帮助读者学习理解《列宁读战争论笔记》，还翻译出版了克劳塞维茨的《战争论》，

---

① 中共中央马克思恩格斯列宁斯大林著作编译局马恩室编：《马克思恩格斯著作在中国的传播》，人民出版社1983年版，第127页。

书内附有学习参考资料，等等。①

党中央也非常重视马克思主义著作的出版发行工作。1938年1月起，延安出版的马克思主义经典著作、党的文献、政治读物等都以解放社的名义出版。解放社所出版的图书，不仅供应陕甘宁边区和其他各抗日根据地，而且还秘密供应国统区、沦陷区，甚至远销国外。当时，解放社出版的书刊在国内外享有极高的声誉。1939年6月，中共中央出版发行部成立，1942年改为中共中央出版局，统一领导党的出版发行工作。同年9月，新华书局成立，同解放社一起担负起马列著作、党刊党报的出版发行任务的，还有八路军军政杂志社、中国工人社、中国青年社、大众读物社、抗日军政大学等单位，也出版了许多马克思主义著作及教材，极大地促进了马克思主义在中国的传播。

二、译者介绍

1. 柯柏年

柯柏年，中国著名翻译家、社会科学家和外交家。1904年5月26日出生于广东潮州。原名李春蕃，笔名马丽英、丽英、列英、福英等。柯柏年从小就聪明好学，酷爱读书，特别是受堂兄李春涛东渡日本留学并参加革命的影响，柯柏年利用高小就开设

柯柏年

---

① 雍桂良：《马列著作在延安的翻译及其传播》，载《人文杂志》1983年第3期。

的英语课努力学习英语，立志将来去广州、上海等地读书。

　　1919 年五四运动爆发后，在汕头读中学预备班的柯柏年怀着满腔的爱国热情，积极参加当地各种响应北京学生抗议巴黎和会的运动。同年秋天，他转到上海沪江大学中学部学习，有机会直接接触在五四运动影响下迅猛发展的新文化运动，并在形形色色的学派、思想和主义中选择了马克思主义。柯柏年回忆说："当时刊物很多，介绍马克思主义的文章和书籍也不少，不过，我既已选择了马克思主义就感到介绍性的文章和书籍，已不能满足我的要求。我要读原著。"[①] 为此，他不仅自学俄语、德语，还订了一份美国共产党的机关报《工人日报》及其星期增刊，专门向出版马克思主义著作的芝加哥克尔书局购买了一批包括英译本《资本论》在内的书，还经常在纽约兰德社会科学学校下设的书店购买各派社会主义著作。柯柏年在"啃"英文版的《资本论》第一卷时发现，马克思的原著反而比别人的介绍性文字更容易读懂，"因此，我就萌生了翻译马克思和恩格斯原著的念头"[②]。在学习过程中，他把对自己有启发的文章翻译出来，投登于《民国日报》的副刊《觉悟》上，包括列宁的《帝国主义论》（前六章）、《农业税的意义》，考茨基的《社会革命论》的前半部，恩格斯的《空想的和科学的社会主义》等。

　　由于翻译马列主义著作并参加学生运动，柯柏年于 1924 年被沪江

---

　　① 中共中央马克思恩格斯列宁斯大林著作编译局马恩室编：《马克思恩格斯著作在中国的传播》，人民出版社 1983 年版，第 29 页。

　　② 中共中央马克思恩格斯列宁斯大林著作编译局马恩室编：《马克思恩格斯著作在中国的传播》，人民出版社 1983 年版，第 30 页。

大学开除，但很快就在瞿秋白和张太雷的帮助下，转入上海大学社会学系继续学习。不仅结识了萧楚女、蔡和森、施存统等早期中国共产党党员，还于同年在杨之华的介绍下加入了中国共产党。

1925 年，五卅运动爆发后，全国革命形势高涨。柯柏年回到广东潮州投身国民革命。在工作之余，他着手根据自己收集到的三个英译本翻译马克思的《哥达纲领批判》，并自费在上海书店出版了 2000 册。该书仅在 20 世纪 20 年代在上海就出版发行了三次，全国各地纷纷翻印。柯柏年自己也说："《哥达纲领批判》恐怕是我所翻译的马恩著作中流传最广的一本书。"[1]1926 年，柯柏年担任《岭东民国日报》副总编兼副刊《革命》的主编。在此期间，他翻译了马克思的《法兰西阶级斗争》中的第一章，以《一八四八年六月巴黎无产阶级之失败》为题发表在《革命》上。1927 年 1 月 5 日起，《革命》还连载了他翻译的列宁《国家与革命》的部分译文，引起很大的反响。

大革命失败后，1929 年柯柏年辗转回到上海，此时，他从"李春蕃"改名为"柯柏年"。其中，"柯"取自卡尔·马克思（Karl Marx）名字的英文首字母"K"，"柏"取自恩格斯的一个笔名弗雷德里克·班德尔（Frederic Bender）中姓的英文首字母"B"，"年"取自列宁（Lenin）的英文字母"N"，三个字母的拼音谐音组成了"柯柏年"[2]。在上海，柯柏年参加了中国社会科学家联盟（即"社联"），投身于左翼文化运

---

① 中共中央马克思恩格斯列宁斯大林著作编译局马恩室编：《马克思恩格斯著作在中国的传播》，人民出版社 1983 年版，第 30 页。

② 刘庆和、李珍军：《著名马列原著翻译家柯柏年》，载《红广角》2011 年第 10 期。

动中，编写和翻译了大量社会科学书籍。包括：凯尼斯的《经济学方法论》（1929 年上海南强书局出版）、狄慈根的《辩证法唯物论》（1929年上海联合书店出版），与吴念慈（杜国庠）、王慎名合编了《新术语辞典》（1930 年上海南强书局出版）和《经济学辞典》（1933 年上海南强书局出版），独自编写《社会问题大纲》《怎样研究新兴社会科学》（1933 年上海南强书局出版）等丛书，编译《世界社会科学名著精要》（1936 年上海南强书局出版）、《辩证法唯物论》（1937 年张鑫山出版社出版），独自编写《日帝国主义与第二次世界大战》（上海昆仑书店出版，出版年份不详）①。由于柯柏年在中国传播马克思主义和社会科学方面的卓越贡献，他成为当时著名的"红色社会科学家"。

　　1937 年 7 月，抗日战争全面爆发后，柯柏年北上延安。延安马列学院编译部成立后，柯柏年被张闻天调入该部，从事翻译马列主义经典著作的工作。在此期间，柯柏年先后翻译的著作有：《德国的革命与反革命》（与王右铭合译，1939 年 4 月）、《马恩通信选集》（与艾思奇、景林合译，1939 年 6 月）、《拿破仑第三政变记》（吴黎平校，1940 年 8 月）、《法兰西阶级斗争》（1942 年 7 月）。在《马克思文选》（两卷集）基本翻译完时，马列学院改组为马恩列斯研究院，不再设编译部，柯柏年任西方革命研究室主任②，翻译马列主义经典著作的工作暂时中断。中央研究院和中央党校合并后，柯柏年被调入中央宣传部翻译室工作，该翻译室的主要任务是翻译苏联出版的《列宁选集》（共 12 卷），柯柏年负

---

① 刘庆和、李珍军：《著名马列原著翻译家柯柏年》，载《红广角》2011 年第 10 期。
② 马列学院更名为中央研究院后，西方革命研究室改为国际问题研究室，柯柏年继续担任该研究室主任。

责翻译第十一卷。抗日战争后期，中央正式成立外事组，柯柏年被调入中央外事组工作，从此，开始从事外交工作的他，不再翻译马恩著作了。

新中国成立后，柯柏年历任外交部美澳司司长、中国人民政治法律学会副主席、国际关系研究所副所长、驻罗马尼亚共和国大使、驻丹麦王国大使等。晚年被任命为中国人民外交学会副会长、国际关系研究所副所长等。1985 年 8 月 9 日，柯柏年在北京病逝，享年 81 岁。

2. 艾思奇

艾思奇[①]，中国著名马克思主义哲学家、教育家，被称为"人民的哲学家"。1910 年生于云南省腾冲县和顺乡，原名李生萱，笔名艾思奇、李东明等。其父李日垓是一名激进的民主主义者，曾参加辛亥革命和护国战争。艾思奇 2 岁时随家人迁居昆明，7岁入私塾，后入国民小学。14 岁在香港教会学校学

艾思奇

习，受到良好的英语训练。1925 年，艾思奇回到昆明，在省立一中学习。在这里他深受新思潮的影响。五卅惨案发生后，艾思奇积极参加昆明学生举行的抗议运动，被反动当局列入必须逮捕的学生名单。于是，他不得不逃到苏州。

艾思奇的父亲希望他走工业救国之路，支持他出国留学。1927 年、1930 年，艾思奇两度前往日本留学。在日本，他不仅学习自然科学知识，更是醉心于研读马克思主义哲学著作，为了能阅读马克思和恩格斯的原

---

① 艾思奇生平介绍主要参考叶介甫：《人民哲学家艾思奇的信仰之路》，载《人物春秋》2020 年第 2 期。

著，他开始自学德语，同时把日、德文本对照研究，以求取其精义。他还先后参加了中共东京特别支部领导下的社会主义学习小组和中国青年会，在小组或协会活动中总是能做出精彩的发言。通过钻研马克思主义原著和理论，艾思奇坚信，只有马克思主义才能救中国。九一八事变发生后，他毅然弃学回国。

1932年初，艾思奇来到上海。他先在日本问题研究所工作，后来又到泉漳中学任理化教员。这时，他开始以笔名在《中华日报》上发表哲学短文，并着手翻译苏联哲学家米丁的《新哲学大纲》，介绍马克思主义哲学。第二年年初，艾思奇加入社联，开始更加系统地研究和宣传马克思主义哲学。他写成的第一篇哲学论文《抽象作用与辩证法》，发表在中国左翼联盟文化总同盟主办的《正路》杂志创刊号上。之后，他还撰写了《二十二年来之中国哲学思潮》，指出马克思主义哲学必然使被压迫者的前进之势更加锐不可当。1934年，艾思奇根据自己在量才业余学校的讲稿，撰写了《哲学讲话》，在《读书生活》杂志连载。1936年该文被印成小册子出版。在印行第4版时，改名为《大众哲学》。这本马克思主义哲学大众化名著在当时就极受广大读者欢迎，仅在新中国成立前就印行了32版。1937年，艾思奇把在编辑《读书生活》杂志时，回答读者提问所撰写的关于马克思主义哲学的文章结集，出版了《哲学与生活》。

1935年10月，艾思奇加入了中国共产党。两年后，在党组织的安排下，他被调往延安，先后在抗日军政大学和陕北公学任教。毛泽东十分重视艾思奇的马克思主义哲学研究工作。早在1936年，毛泽东就曾让大家阅读《大众哲学》，并称赞说这本书是"通俗的而又有价值的"

著作①。1937 年 10 月，毛泽东写下了 19 页的《艾著〈哲学与生活〉摘录》，并致信艾思奇说："你的《哲学与生活》是你的著作中更深刻的书，我读了得益很多。"②1938 年，艾思奇与何思敬一起主持延安"新哲学会"，推动延安马克思主义哲学的学习和研究。同年年底，艾思奇转到马列学院任教，兼任哲学研究室主任。其间，他翻译了《马克思·恩格斯关于历史唯物论的信》，并被收录到《马恩通信选集》中。1939 年，毛泽东组织了一个哲学小组，每周活动一次，艾思奇为小组成员，为配合学习，他和吴亮平合作编写了《科学历史观教程》。随后，中央各机关纷纷成立学习小组，读马克思主义著作、学习马克思主义理论蔚然成风。在延安期间，艾思奇还曾担任过《中国文化》主编、解放日报社副刊部主任、中央研究院文化思想研究室主任等职。同时他还一边作哲学讲座，一边撰写大量理论文章，宣传马克思主义。

　　新中国成立之初，党中央为提高广大干部群众的马克思主义水平，在全国开展学习社会发展史的活动，艾思奇积极投入这项工作。他撰写出版了《历史唯物论——社会发展史讲义》（后改为《历史唯物论——社会发展史》）一书，在人民广播电台进行系列播讲；为培养教学骨干，担负大量的辅导讲学任务；为宣传和捍卫马克思主义哲学，撰写文章批判各种唯心主义、形而上学。此外，他还研究和宣传毛泽东思想，撰写了《〈实践论〉与关于哲学史的研究》《从〈矛盾论〉看辩证法的理解和运用》《进一步学习和掌握无产阶级世界观》等多篇学习毛泽东思想

---

① 《毛泽东书信选集》，人民出版社 1983 年版，第 80 页。
② 《毛泽东书信选集》，人民出版社 1983 年版，第 112 页。

的文章。1957 年，人民出版社出版了艾思奇编写的《辩证唯物主义讲课提纲》（后改名为《辩证唯物主义纲要》）。1961 年，中宣部和高教部联名组织编写高等学校文科教材，艾思奇任哲学专业组组长，主编《辩证唯物主义与历史唯物主义》一书。

1966 年 3 月 22 日，艾思奇心脏病发逝世，享年 56 岁。

3. 景林

关于景林的介绍极少，目前仅看到何锡麟在他撰写的《回忆在延安翻译马列经典著作的情况》一文中的寥寥数笔。从这篇文章中我们可以得知，"景林曾在德国学电机"，"是学自然科学的"。1938 年 5 月马列学院编译部成立后，继何锡麟、柯柏年、王石巍（王实味）之后，景林和赵飞克是第三批被调到编译部从事马列主义经典著作翻译工作的，但也算是最初的一批，"当时参加德文翻译工作"。[①]

4. 徐冰

《马恩通信选集》柯柏年、艾思奇、景林译本的校对徐冰，无产阶级革命家，新中国统战工作和政协工作实践者。1903 年出生，河北南宫人，原名邢西萍。徐冰青年时代曾在上海读书，参加过学生运动。1923 年，徐冰赴德国留学，次年在德国加入

徐冰

① 中共中央马克思恩格斯列宁斯大林著作编译局马恩室编：《马克思恩格斯著作在中国的传播》，人民出版社 1983 年版，第 127 页。

中国共产党，后转赴莫斯科中山大学学习。1928 年，徐冰回国，在中共中央秘书处任翻译。曾任上海反帝大同盟中共党团书记，并在中共中央职工部和中华全国总工会工作。1932 年秋，徐冰被国民党当局逮捕。1933 年春，他经营救出狱后，从事《世界论坛》《中外论坛》的编辑工作，进行抗日救亡宣传。1935 年，在太原、北平组织华北救亡会、北平文化救亡会、华北民众救亡会，参加了北平"一二·九"运动的组织领导工作和营救北平草岚子监狱中共干部的工作。

1937 年初，徐冰来到延安，任中共中央党报委员会秘书长、《解放》周刊编辑。他曾与成仿吾合译了《共产党宣言》，这是我国第一次根据德文原文翻译的《共产党宣言》。他还与何思敬合译了《哥达纲领批判》，"这个译本的质量也超过了二十年代北京、上海出过的版本"①。徐冰还参与校对了《马恩通信选集》等马克思主义经典著作。

1939 年，徐冰来到重庆，在周恩来的领导下做抗日统一战线工作。北平解放前夕，他参加了和平解放北平的接管谈判工作。后任中共山东潍坊市委书记、济南市副市长、北平市副市长。新中国成立后，徐冰任中共中央统战部第一副部长，政协全国委员会副秘书长，中央人民政府人事部副部长，政协第二、三届全国委员会秘书长，中共中央统战部部长，第四届政协全国委员会副主席等职；是中共第八届中央候补委员，第一、二、三届全国人民代表大会常务委员会委员。徐冰于 1972 年逝世，

---

① 中共中央马克思恩格斯列宁斯大林著作编译局马恩室编：《马克思恩格斯著作在中国的传播》，人民出版社 1983 年版，第 302 页。

终年 69 岁。①

三、编译过程及出版情况

1938 年 5 月，延安创办马列学院，下设培训部和编译部，编译部专门负责翻译马克思主义经典著作。张闻天任马列学院院长，并兼任编译部主任，亲自抓编译部的工作。最初在编译部工作的有何锡麟、王实味、柯柏年、景林、赵飞克等人，马列学院的其他授课教师（如王学文、吴黎平、艾思奇、王思华、陈洁等），以及当时担任党内领导职务的同志（如成仿吾、吴文焘等）及"来自国统区的教授学者"（如张仲实）等也参加了翻译工作②，"除了编译部的全班人马外，还调了徐冰（新华社）、成仿吾（陕北公学）和何思敬（抗大）等同志参加这项工作"③。

当时翻译的著作主要来自苏联，有俄文、英文、德文、法文、日文等版本。因为苏联出版了《马克思文选》（两卷集），编译部先以主要力量编译文选中的著作。《马恩通信选集》就是《马克思文选》中的书信部分。由于党中央十分重视马恩著作的翻译工作，编译部人员的生活待遇较好，一个人住一个窑洞，而且工资也比较高，张闻天规定每人每天的翻译定额是 1000 字，1000 字的稿费是 1 元。如果该书又在重庆出版，所得稿费一部分自愿交回，一部分上交顶大生产任务。但是，那时的翻

---

① 裴之倬主编：《中共党史人名录》，重庆出版社 1986 年版，第 371 页。

② 王海军：《抗战时期马列著作翻译与传播的历史考察》，载《中共党史研究》2011 年第 5 期。

③ 中共中央马克思恩格斯列宁斯大林著作编译局马恩室编：《马克思恩格斯著作在中国的传播》，人民出版社 1983 年版，第 31 页。

译条件极为艰苦，"主要是图书资料少，特别是工具书少。当时毛主席的图书馆也不大……搞德文的同志也仅有一本字典。即使有人能带到解放区来一两本字典，那也是很小的，当时每人要有一部顶用的字典就相当不错了，因此翻译中碰到难句子，有时一两天也搞不出来"①。

从 1938 年到 1942 年，编译部用了近三年的时间把《马克思文选》(两卷集)译完，在此期间，延安解放社用"马克思恩格斯丛书"的形式出版。

《马恩通信选集》最先在 1939 年 3 月出版，未署出版者，32 开，横排平装本。1939 年 6 月，解放社出版，32 开，横排平装本，书名为《马恩通信选集》，印有"马恩丛书第七种"字样。1940 年 9 月，新华日报北分馆出版，32 开，横排平装本，书名为《马恩通信选集》。1949 年 8 月，解放社编，山东新华书店出版，32 开，横排平装本，书名为《马恩通信选集》。1949 年 12 月，解放社编，新华书店发行，32 开，横排平装本，书名为《马恩通信选集》。

---

① 中共中央马克思恩格斯列宁斯大林著作编译局马恩室编：《马克思恩格斯著作在中国的传播》，人民出版社 1983 年版，第 128 页。

《马恩通信选集》柯柏年、艾思奇、景林译本译文解析本书以 1949 年 12 月出版的《马恩通信选集》柯柏年、艾思奇、景林译本（以下简称"柯、艾、景译本"）为中译文主要考察对象，以 2009 年出版的《马克思恩格斯文集》为中译文现代对照版本，有明显差别的地方，以及个别没有被《马克思恩格斯文集》收录的书信则以《马克思恩格斯全集》中文第 1 版相关卷次的译文为现代对照版本 ①。此外，虽然柯、艾、景译本中的书信译自德文版《马克思文选》，但实际上它的真正母本是俄文版《马克思文选》，因此，本书以 1934—1935 年出版的联共（布）中央马恩列研究院编辑的《马克思文选》第 I 卷和第 II 卷为俄文底本参考。

柯、艾、景译本与其他马克思主义经典著作译本不同，它是对莫斯科版马克思恩格斯著作集《马克思文选》（两卷本）中部分书信及著作的编译本，并对所选材料做了简单的编排。从整体结构上通过与俄文底本对照发现，柯、艾、景译本保留了《马克思文选》中书信的专题板块，但对收录的先后次序进行了调整：把原本收录在《马克思文选》第 II 卷中的"为无产阶级政党而斗争"的 17 封书信作为柯、艾、景译本的第一部分；把原本收录在《马克思文选》第 I 卷中的"关于唯物史观"的 9 封书信作为的第二部分；把原本收录在《马克思文选》第 II 卷中"为

① 目前，《马克思恩格斯全集》中文第 2 版的书信部分仅出版了三卷（第四十七—四十九卷），收录了按年代顺序到 1855 年 12 月底的马恩书信。

无产阶级政党而斗争"书信部分之后的"论爱尔兰问题"的 3 封书信作为第三部分，并将恩格斯 1882 年 9 月 12 日致考茨基论殖民地的信 ① 作为这一部分的附录；把原本收录在《马克思文选》第 II 卷中最后部分——马克思恩格斯"论俄国"作为第四部分。

同时，柯、艾、景译本还很好地保留了《马克思文选》中的注释，同俄文底本一样，也作为脚注列于每页页下，这为中国的读者提供了许多背景材料。但由于柯、艾、景译本有三名不同的译者，因此，对"编者注"一词也有不同的译法。在柯柏年译的"为无产阶级政党而斗争的书信"和"论爱尔兰问题"部分，以及景林译的"马恩论俄国"部分，都译为"编辑部注"；在艾思奇译的"马克思恩格斯关于唯物史观的书信"部分，则译为"编者"。

此外，柯、艾、景译本还修正了《马克思文选》中两个明显的错误。其一，《马克思致路德维希·库格曼（1866 年 10 月 9 日）》的日期错误。由于在手稿中马克思把信的日期误写为"11 月"，《马克思文选》在收录该信时也将日期写为"11 月"，柯、艾、景译本的编译者在翻译时修改为"10 月"。其二，《恩格斯致约翰·菲力浦·贝克尔（1885 年 6 月 15 日）》的编排顺序问题。这封信在《马克思文选》有关"为无产阶级政党而斗争"的 17 封信中被列为第十一封。但是，可以明显看出，其他 16 封信都是按照时间顺序排列的，因此，柯、艾、景译本的编译者把这封信放到了这部分的最后。

---

① 在《马克思文选》第 II 卷中，这封信是单独收录的，不属于"论爱尔兰问题"专题。

一、术语考证

1. 人名、地名、报刊名称的译法考证

首先，作为书信集，《马恩通信选集》中出现了许多人名，柯、艾、景译本在这类问题的翻译上，部分译法与现代通行译法一致，如在篇目中出现的"倍倍尔""左尔格""李卜克内西""考茨基""梅林""布洛赫"等；在正文中出现的"巴枯宁""蒲鲁东""俾斯麦""拉萨尔""黑格尔""克伦威尔""摩尔根"等。但还存在大量不一致的现象。现将柯、艾、景译本中出现的人名译名与现代通行译法不一致之处对比列表如下。

柯、艾、景译本	现代通行译法	柯、艾、景译本	现代通行译法
顾格曼	库格曼	哈茨斐尔德	哈茨费尔特
波尔德	波尔特	密圭尔或米葵尔①	米凯尔
顾诺	库诺	腓力普	菲力浦
柏克尔	贝克尔	华格纳	瓦盖纳
勃拉克	白拉克	普德	波特尔
伯因斯坦	伯恩施坦	纪兰丁	日拉丹
安能科夫	安年科夫	斯特劳兹堡	施特鲁斯堡
韦得梅叶尔	魏德迈	勃劳斯	布鲁斯
史密特	施米特	毛列尔或毛瑞尔	毛勒
符格特	福格特	梯里	梯叶里
卢骚	卢梭	米格纳特	米涅

---

① 由于《马恩通信选集》柯柏年、艾思奇、景林译本是由三个人翻译，同一个人名或地名在前后文中会存在翻译不一致的地方。

续表

柯、艾、景译本	现代通行译法	柯、艾、景译本	现代通行译法
勒路伯兹	勒吕贝	居左	基佐
厄卡里亚斯	埃卡留斯	狮心王李查	狮心王理查
舒维泽	施韦泽	托卡秋	特卡乔
斯拉姆	施拉姆	赫尔森	赫尔岑
盖斯德	盖得	卡她琳娜二世	叶卡捷琳娜二世
马龙	马隆	蒲加秋夫	普加乔夫
乌特格	奥哲尔	霍布士	霍布斯
克雷麦	克里默	冯丹那	方塔纳
乌尔佛	沃尔弗	柯勃登	科布顿

其次，在地名的译法方面，《马恩通信选集》也存在大量与现代通行译法不一致的地方，有的存在较大差异，比较影响读者的阅读。例如：

柯、艾、景译本	现代通行译法	柯、艾、景译本	现代通行译法
那波里	那不勒斯	什列斯威 - 好斯坦	石勒苏益格 - 荷尔斯泰因
巴尔提摩	巴尔的摩	咀立克或苏黎希	苏黎世
撒克逊	萨克森地区	德勒斯登	德勒斯顿
曼斯	美因兹	布勒门	巴门
爱贝菲尔	爱北斐特	迈河畔的伏兰克府	美因河畔的法兰克福
喀姆尼茨旁的汗瑙	哈瑙、开姆斯	挨斯格堡底各地	厄尔士山地区
陶奴士	陶努斯	加尔威	戈尔韦
里摩黎克	利默里克	善农河	香农河
克勒郡	克莱尔郡	斯姆伦司克	斯摩棱斯克
弗洛内斯	沃罗涅日	席勒西亚	西里西亚
奥得沙	敖德萨	兰卡夏	兰开夏郡
威斯伐伦	威斯特伐利亚		

值得注意的是，在地点的翻译上，柯、艾、景译本有一处错译：恩格斯 1890 年 9 月 21 日致约瑟夫·布洛赫的信中"但如果要这样主张：说在南德意志的许多小国中，兰登堡就是由于经济的必然性……"（第 83 页），这里的"南德意志"应该为"北德意志"。俄文 Северная Германия，即"北德意志"；而且在文中提及的"兰登堡"即"勃兰登堡"，现在是位于德国东北部的一个州，当时是一个小邦。

最后，在报刊名称的译法方面，存在一些不一致的地方，但可以较为容易地对应起来。例如，"《北极星》"在柯、艾、景译本中译作"《北星》"、"《法兰西信使报》"译作"《法国信使》"、"《法兰西报》"译作"《法国新闻》"、"《流亡者文献》"译作"《亡命者文学》"、"《社会民主党人报》"译作"《社会民主党》"、"《人民国家报》"译作"《人民国家》"等。

在报刊名称的翻译上，柯、艾、景译本也有一处错译：在马克思 1867 年 9 月 11 日致恩格斯的信中，马克思列举了一些报道国际工人协会洛桑代表大会的情况的报纸，其中应该为"《时尚报》"（Mode）的报纸，柯、艾、景译本译为"《世界》"（第 22 页）。"Mode"这个名词有两个意思，一是指"时尚，时髦，风气"，二是指"流行时装，流行式样"，没有"世界"的意思，因此为错译。

2. 重要术语译法考证

在术语方面，柯、艾、景译本中使用的大量术语与现代通行术语的译法基本一致，例如："生产力""市民社会""社会关系""范畴""二元论""辩证法""意识形态"等。但也存在许多与现代通行术语译法不一致的。不一致的术语可以分为两类，一类为与当前术语有差别，但联系上下文看，可以"望文生义"，并不影响对内容理解的术语。由于时代不同，话语体系的变迁发展，这样的情况出现得较多。另一类为与当前术语差别较大，比较影响对内容理解的术语。

　　第一类主要有：

柯、艾、景译本	现代通行译法	柯、艾、景译本	现代通行译法
国际工人联合会（第3页）	国际工人协会	媒介（第6页）	联系
协济会（第6页）	互助会	规约（第7、24、26页）	章程
国民联合会（第12页）	民族联盟	集产主义派（第27页）	集体主义派
教义（第28页）	学说	生产方法（第32页）	生产方式
崩坏（第38页）	瓦解	人类之爱（第45页）	仁爱精神
社会主义者法令（第46、66页）	反社会党人法	障碍物（第47页）	街垒
赤色魔影（第47页）	赤色幽灵	伪杂分子（第53页）	冒牌分子
劳动工具（第58页）	劳动资料	个人的形态（第58页）	个体形式
个人的所有形态（第58页）	个体占有形式	集体的所有形态（第58页）	共同占有形式
饥饿工资（第62页）	微薄的工资	所谓的社会主义者（第65页）	冒牌社会主义者
人类的相互行动（第69页）	人们交互活动	生产手段（第79页）	生产资料
《拿破仑第三政变记》或《布鲁美尔十八日》（第84—85、91页）	《路易·波拿巴的雾月十八日》	反射（第89页）	反映
绝对主义	专制制度	绝对君主制（第90页）	专制君主制

续表

柯、艾、景译本	现代通行译法	柯、艾、景译本	现代通行译法
静水力学（第94页）	流体静力学	补偿（第96页）	代替
思想（第98、99页）	思维	法律系统（第99页）	法的体系
包围状态（第107页）	戒严状态	支配阶级（第112页）	统治阶级
物品偿付制度（第138页）	实物工资制	冒险年头（第139页）	投机年代

在这类术语中，以下列名词术语为例，作进一步分析说明。

（1）"交换""交往"在柯、艾、景译本中被译作"交易"。

【柯、艾、景译本】

把人类生产力发展的一定状态拿来一看，你就可以找到一种相应的交易和消费的形式。在生产、交易、消费的一定发展阶段上，你又可以找到一种相应的社会制度的形式……（第69页）

【文集本】

在人们的生产力发展的一定状况下，就会有一定的交换[commerce]和消费形式。在生产、交换和消费发展的一定阶段上，就会有相应的社会制度形式……①

---

① 《马克思恩格斯文集》第十卷，人民出版社2009年版，第42—43页。

【俄文底本】

Возьмите определенную ступень развития производительных сил людей, и у вас будет определенная форма обмена и потребления. Возьмите определенную ступень развития производства, обмена и потребления, и вы получите определенный общественный строй……①

【柯、艾、景译本】

……为着不要失去了文化的果实，人类在他们的交易的方法不能再和既获得的生产力相适应的一瞬间，就不能不改变他们的传统的社会形式——我这里所说的"交易"（Handel）是指最广义的用法，就等于德文里的"往来"（Verkehr）的意思。（第 70—71 页）

【文集本】

……为了不致失掉文明的果实，人们在他们的交往[commerce]方式不再适合于既得的生产力时，就不得不改变他们继承下来的一切社会形式。——我在这里使用"commerce"一词是就它的最广泛的意义而言，就像在德文中使用"Verkehr"

---

① Под редакцей В. В. Адоратского, Карл Маркс Избранные произведения, Том I, Издательство ЦК ВКП(б), 1934, с.286.

一词那样。^①

【俄文底本】

Для того, чтобы не потерять плодов цивилизации, люди вынуждены изменять все унаследованные общественные формы в тот момент, когда способ их сношений (commerce) более уже не соответствует приобретенным производительным силам. Я употребляю здесь слово commerce [сношение, обшение] в самом широком смысле, в каком по-немецки употребляется слово Verkehr.^②

在两段话中，柯、艾、景译本把"Commerce"都译为"交易"，俄文底本和《马克思恩格斯文集》对这个词根据上下文的具体情况分别译作"交换"（обмена）、"交往"（сношение、обшение）。可以发现，俄文底本和《马克思恩格斯文集》的翻译更符合马克思对历史唯物主义人类社会发展规律的解释。"Commerce"一词原意为"商业，贸易，商务"。在第一段话中，马克思用它来说明人们在生产过程中结成的各

①《马克思恩格斯文集》第十卷，人民出版社 2009 年版，第 43—44 页。

②Под редакцей В. В. Адоратского, Карл Маркс Избранные произведения, Том I, Издательство ЦК ВКП(б), 1934, с.287.

种经济关系的一种，即交换关系。因此将其翻译为"交换"更符合原意。第二段话中，马克思已经很清楚地指出，他在这里使用"commerce"一词是就它的最广泛的意义而言，就像在德文中使用"Verkehr"一词那样。"Verkehr"一词有"交往，往来"之意，因此，在这段话中，柯、艾、景译本还将其译为"交易"就不太合适了。

（2）"因素"在柯、艾、景译本中被译作"契机"。

【柯、艾、景译本】

……依据唯物论的历史见解，在历史中间，在结局上决定着的契机是现实生活的生产及再生产。……倘若有人把它这样来曲解，说经济的契机是唯一决定的东西，那他就会把这命题转变成无价值的、抽象的、不合理的套语。经济状况是根底，但上层建筑的各种各样的契机……（第82页）

【文集本】

……根据唯物史观，历史过程中的决定性因素归根到底是现实生活的生产和再生产。……如果有人在这里加以歪曲，说经济因素是唯一决定性的因素，那么他就是把这个命题变成毫无内容的、抽象的、荒诞无稽的空话。经济状况是基础，但是……还有上层建筑的各种因素……[①]

---

①《马克思恩格斯文集》第十卷，人民出版社 2009 年版，第 591 页。

　　"契机"一词在《现代汉语词典》（第7版）中的解释为"事物转化（多指向积极的方向）的关键"，"因素"一词其中的一个含义为"决定事物成败的原因或条件"，在此意义上两者基本可以通用。

　　（3）"东西"在柯、艾、景译本中被译作"储藏"，"观念"被译作"表象"。

【柯、艾、景译本】

　　至于说到那浮悬在更高的空中的意识形态的领域，如宗教、哲学等，那末，这些东西还有着一种史前的、从历史的时代中出现和继承下来的储藏，一种在今天的我们会要说它是愚想的储藏。这各种各样的关于自然，关于人类性质，关于精灵、魔力等等的虚伪的表象……（第89页）

【文集本】

　　至于那些更高地悬浮于空中的意识形态的领域，即宗教、哲学等等，它们都有一种被历史时期所发现和接受的史前的东西，这种东西我们今天不免要称之为愚昧。这些关于自然界、关于人本身的性质、关于灵魂、魔力等等的形形色色的虚假观念……[1]

　　"содержание"有"放在里面的东西"和"内容""内涵"之意，

---

①《马克思恩格斯文集》第十卷，人民出版社2009年版，第598—599页。

将其译为"储藏"，联系上下文基本可以理解其所要表达的含义，不影响对这封信的内容的理解。

"表象"指的是经过感知的客观事物在脑中再现的形象，是一种哲学中常用的术语；"观念"则有两种含义，一是指"思想意识"，二是指"客观事物在人脑里留下的概括的形象（有时指表象）"。可见，"观念"和"表象"两者之间在一定程度上可以通用，而"观念"一词的外延大于"表象"。

（4）"头足倒置"在柯、艾、景译本中被译作"逆转"。

【柯、艾、景译本】

就像工业市场在大体上，在上面所说的保留条件之下，是反映于金融市场，同时自然也有着逆转一样。从来就存在着、斗争着的阶级间的斗争，也反映于统治者和对抗者中间的斗争，并同样也有着逆转，不是直接地，而是间接地，不是作为阶级斗争而是作为政治原理上的斗争，这样的逆转，使得我们要经过几千年的时间，才能够发现它的真相。（第87页）

【文集本】

正如在货币市场中，总的说来，并且在上述条件之下，反映出，而且当然是**头足倒置地**反映出工业市场的运动一样，在政府和反对派之间的斗争中也反映出先前已经存在着并且正在斗争着的各个阶级的斗争，但是这个斗争同样是头足倒置地、不再是直接地、而是间接地、不是作为阶级斗争、而是作为维护各种政治原则的斗争反映出来的，并且是这样头足倒置起来，以致需要经过上千年我们才终于把它的真相识破。①

这段话是恩格斯在 1890 年 10 月 27 日致康拉德·施米特的信中，分析经济基础与上层建筑之间作用与反作用关系时所做的举例。在俄文底本中，使用的是"неправильно"一词，这个词指的是"不正确地、不对地"和"不正常地"，没有"逆转"和"头足倒置"之意。但是，在 1965 年出版的《马克思恩格斯全集》俄文第 2 版第三十七卷中，该词就被翻译为"превратно"，即"превратность"的副词形式，"превратность"有"背面、相反，翻转、颠倒、使倒退，改变，相对，失败"等词义。因此，将"превратно"翻译为"逆转"或"头足倒置"都是正确的，只是"头足倒置"能更形象地表达恩格斯的思想。同时，也可以看出，出版于 1934 年的《马克思文选》中的马克思恩格斯著作的俄译文也存在较大的缺陷。

第二类是与当前术语差别较大的，比较影响对内容理解的术语翻译。例如："暴力"在柯、艾、景译本中被译作"支配权力"（第 92 页），"危机"被译作"破局"（第 92 页）；"天主教"被译作"加特力教"（第 99 页），"阶段"被译作"过站"（第 99 页）；"稍微"被译作"约予"（第 100 页）；"劳动组合"被译作"阿特尔制度"（第 140 页），等等。我们以下列名词术语为例，对此类术语的翻译作进一步的分析说明。

①《马克思恩格斯文集》第十卷，人民出版社 2009 年版，第 597 页。

（1）"意见"在柯、艾、景译本中被译作"旨趣"。

【柯、艾、景译本】

同时又表决通过了勒路伯兹底宣言所包含的"旨趣"。（第
8页）

为了辩解我整理这已经"通过的旨趣"所用的一种极特别
的方式，我就写了《告工人阶级书》……（第8页）

【文集本】

而勒吕贝的宣言中所包含的"意见"却被采纳了。[①]

我要用一种极其特殊的方法来整理这些已经"被采纳的意
见"，为了要证明这种方法正确，我起草了《告工人阶级书》……[②]

"旨趣"一词在现代汉语中也很常见，但它是指"主要目的和意图；
宗旨"，而"意见"则是指"对事情的一定看法或想法"，柯、艾、景
译本把"意见"译作"旨趣"，不符合现代人们的术语使用习惯，容易
使读者无法理解。

（2）"良好的风度"在柯、艾、景译本中被译作"美好的音调"。

①《马克思恩格斯文集》第十卷，人民出版社2009年版，第214页。
②《马克思恩格斯文集》第十卷，人民出版社2009年版，第215页。

【柯、艾、景译本】

他首先应证明这个，就必须放弃它底粗野的无产阶级热情，在有教养的博爱的资产阶级指导之下，"培养优良的嗜好"与"学习美好的音调"。（第45页）

【文集本】

为了证明这一点，它首先必须抛弃无产者粗野的热情，在有教养的博爱的资产者领导下，"养成良好的趣味"和"学会良好的风度"。①

"音调"（тон）一词在《现代汉语词典》（第7版）中有两个意义：一是指"声音的高低"，二是指"说话、读书的腔调"。显然，在这里柯柏年是使用了它的第二个意义。但在俄语中，"тон"一词的含义比较丰富，与这句话相关的意思为它的第五个解释："声调，腔调；语气，口气，口吻；写作风格，表演风格"和第六个解释："举止，风度，生活方式；外形，外表"。可见，如果在句中使用"音调"这个词，明显词义比较窄，不能很好地表达原文的意思。

（3）"既定""某一"在柯、艾、景译本中被译作"所予的"。

【柯、艾、景译本】

人们创造他们自己的历史，但直到现在都还不是用全体的

---

① 《马克思恩格斯文集》第三卷，人民出版社2009年版，第479页。

意志向着一个总计划去创造，就是在一个有着一定范围的所予的社会里，也不是这样做。……一件这样的东西，而且恰恰只有他在这一定的时间和这所予的国土里出现，这自然是纯粹的偶然。（第 95 页）

【文集本】

人们自己创造自己的历史，但是到现在为止，他们并不是按照共同的意志，根据一个共同的计划，甚至不是在一个有明确界限的既定社会内来创造自己的历史。……恰巧某个伟大人物在一定时间出现于某一国家，这当然纯粹是一种偶然现象。①

这两处里的"所予的社会"，在俄文中为"данное общество"，"所予的国土"，在俄文中为"данная страна"，如果直译应为"该社会"或"这个社会"，"该国家"或"这一国家"。"所予的"在现代汉语中可以解释为"所给予的"或"所向往的"，体现不出文中的意思，因此，会造成理解的困难。

二、观点疏正

1. 在处理复杂句式时，未能把所指的词语用指示代词或代词替换，以便言简意赅地表达作者原意。例如：

---

① 《马克思恩格斯文集》第十卷，人民出版社 2009 年版，第 669 页。

【柯、艾、景译本】

很自然的，在未有"唯物的批判的社会主义"的时期，"唯物的批判的社会主义"底萌芽是包含于空想主义里面，现在既有了"唯物的批判的社会主义"，空想主义重来，它就只能是更愚蠢的；是愚蠢的，陈腐的，根本上反动的。……（第41页）

【文集本】

当然，在唯物主义的批判的社会主义时代以前，空想主义本身包含着这种社会主义的萌芽，可是现在，在这个时代到来以后它又出现，就只能是愚蠢的——愚蠢的、无聊的和根本反动的……①

【俄文底本】

Само собой разумеется, что утопизм, который до появления материалистически-критического социализма носил в себе этот последний в зародыше, теперь, выступая на сцену post festum [задним числом], может быть только нелепым, пошлым и в самой основе своей реакционным.②

---

①《马克思恩格斯文集》第十卷，人民出版社2009年版，第421页。

②Под редакцей В. В. Адоратского, Карл Маркс Избранные произведения, Том II, Партиздат ЦК ВКП(б), 1935, с.499.

这句话的俄文底本的句式结构翻译成中文存在一定的难度，为了表达准确，柯、艾、景译本使用了 3 次"唯物的批判的社会主义"，使用了 2 次"空想主义"，显得整句话较为烦琐，不如《马克思恩格斯文集》的翻译简练。

2. 从句的译法与现代不一致，译文内容符合原意，但比较烦琐。例如：

【柯、艾、景译本】

倘若这些先生们知道，马克思是怎样常常觉得，就是他的最好的东西，对于劳动者也不会是够好的，他是怎样地认为，如果有人不把最好的东西供献给劳动者，那就是一种罪恶！……（第 81 页）

【文集本】

他们竟不知道，马克思认为自己的最好的东西对工人来说也还不够好，他认为给工人提供的东西比最好的稍差一点，那就是犯罪！①

【俄文底本】

Если бы они знали, как Маркс считал свои лучшие вещи все еще недостаточно хорошими для

---

① 《马克思恩格斯文集》第十卷，人民出版社 2009 年版，第 588 页。

рабочих, как он считал преступлением предлагать рабочим что-нибудь не самое лучшее.[①]

在这段话中，"……знали, как……, как……"表示"知道……"的主从关系句，"как"表示知道的内容，这个词可以不翻译。在柯、艾、景译本中，把"как"译了出来，译为"怎样"，这导致译文比较啰唆，但不影响对原文的理解。

3. 对句子的把握不准确，译文内容不符合原意。例如：

（1）【柯、艾、景译本】

蒲鲁东更理解不到的是，这能够生产社会关系（就像他们实行物质生产一样）的人类，也能够创造出观念、范畴，也就是创造出这同一社会关系的观念上的抽象的表现。（第71—72页）

【文集本】

蒲鲁东先生更不了解，适应自己的物质生产水平而生产出社会关系的人，也生产出各种观念、范畴，即恰恰是这些社会关系的抽象的、观念的表现。[②]

①Под редакцей В. В. Адоратского, Карл Маркс Избранные произведения, Том I, Издательство ЦК ВКП(б), 1934, c.293.

②《马克思恩格斯文集》第十卷，人民出版社 2009 年版，第 49 页。

【俄文底本】

Еще меньше понял Прудон, что люди, производящие общественные отношения соответственно их материальной производительности, создают также и идеи и категории, т. е. отвлеченные, идеальные выражения этих самых общественных отношений.①

"соответственно их материальной производительности" 短语的直译是"适应他们的物质生产"，而不是"就像他们实行物质生产一样"。因此，《马克思恩格斯文集》的翻译是准确的，反映出马克思始终强调的生产关系要适合生产力的发展的原理。

（2）【柯、艾、景译本】

经济不会直接从本身创造什么，而只是决定着现存的思想材料的改变和补充的方式，而这种决定，当它是作为政治、法律、道德的反射（这一切对于哲学有着重大的直接的作用）时，也几乎全是间接的。（第91页）

【文集本】

经济在这里并不重新创造出任何东西，但是它决定着现有

---

①Под редакцей В. В. Адоратского, Карл Маркс Избранные произведения, Том I, Издательство ЦК ВКП(б), 1934, с.288.

思想材料的改变和进一步发展的方式，而且多半也是间接决定的，因为对哲学发生最大的直接影响的，是政治的、法律的和道德的反映。[①]

【俄文底本】

Экономика здесь ничего не создает заново, но она определяет вид изменения и дальнейшего развития имеющегося налицо мыслительного материала, но даже и это она производит по большей части лишь косвенным образом, так как важнейшее прямое действие на философию оказывают политические, юридические, моральные отражения.[②]

在这段话中，柯、艾、景译本和《马克思恩格斯文集》译文的差别主要在后半段，但从俄文底本的句子结构来看，柯、艾、景译本的理解有误，它把"так как"，即"因为"这个固定短语搭配译为"作为"，造成后半段的译文不准确。

---

① 《马克思恩格斯文集》第十卷，人民出版社 2009 年版，第 600 页。

② Под редакцей В. В. Адоратского, Карл Маркс Избранные произведения, Том I, Издательство ЦК ВКП(б), 1934, с.298.

三、译文校释

本书的译文校释仅校释译本正文部分的错译、误译、漏译情况。

1. 译文不准确

（1）书信的时间误译或错印。

在柯、艾、景译本中，有两封信的日期被译错、印错，一封是在"为无产阶级政党而斗争的书信"部分中，马克思致弗里德里希·波尔特的信，实际日期是 1871 年 11 月 23 日（23 ноября 1871г.），但被译成"一八七一年十一月二十九日"。另一封是在"论爱尔兰问题"部分中，附录的恩格斯致卡尔·考茨基的信，实际日期是 1882 年 9 月 12 日（12 сентября 1882г.），其中的"9 月"被错印成了"十一月"。

（2）"公民权"在柯、艾、景译本中被译作"工人之开放"，"奴仆规约"被译作"雇佣制度"，"笞刑"被译作"压制"。

【柯、艾、景译本】

……而普鲁士政府却永远不会承认完全废除结社条例（Koalitionsgesetze），因为这会引起官僚主义之破坏，工人之开放，雇佣制度之毁灭，农村中贵族压制之废除等等……（第15 页）

【文集本】

……但是**普鲁士政府绝对不会**同意完全废除结社法，因

为这样做就会在官僚制度那里打开缺口，就必须给工人以公民权，必须撕碎奴仆规约，废除贵族在农村中使用的笞刑等等……①

【俄文底本】

……но что прусское правительство никогда и ни за что не пойдет на полную отмену законов о коалициях, потому что это пробило бы брешь в бюрократизме, привело бы к предоставлению гражданских прав рабочим, к уничтожению устава о челяди, к отмене практикуемого дворянами наказания розгами в деревне и т. д.……②

这一片段在柯、艾、景译本中有三处翻译不准确的地方。"公民权"（гражданских прав）在柯、艾、景译本中被译作"工人之开放"。"奴仆规约"（устава о челяди）被译作"雇佣制度"。在这里，马克思把普鲁士通行的禁止工人结社和罢工的工商业管理条例和 1854 年关于雇农权利规范的法律讽刺地称为"奴仆规约"。所谓"奴仆规约"是 18 世纪和 19 世纪初普鲁士各省实行的一种封建规章，它允许容克专横地

---

① 《马克思恩格斯文集》第十卷，人民出版社 2009 年版，第 222 页。

② Под редакцей В. В. Адоратского, Карл Маркс Избранные произведения, Том II, Партиздат ЦК ВКП(б), 1935, с.499.

对待农奴，包括对他们施以肉刑①。"笞刑"（наказания розгами）则被译作"压制"。

（3）"未来社会结构"在柯、艾、景译本中被译为"未来社会建设"。

【柯、艾、景译本】

我们数十年来费了许多工作和努力从德国工人底头脑中肃清了的东西，使德国工人在理论上（因而在实践上），优越于法国和英国工人的东西——未来社会建设之幻想的空想社会主义——却又流行起来……（第41页）

【文集本】

……几十年来我们做了许多工作、花了许多精力才把**空想**社会主义，即对未来社会结构的一整套幻想从德国工人的头脑中清除出去，从而使他们在理论上（因而也在实践上）比法国人和英国人优越，但是，现在这些东西又流行起来……②

在这里，柯、艾、景译本把"未来社会结构"（будущий общественной строй）翻译为"未来社会建设"。"строй"一词的词义较多，与这段话上下文相关的词义有："（政治、社会的）制度；国体"

---

① 《马克思恩格斯文集》第十卷，人民出版社 2009 年版，第 745 页，注 184。
② 《马克思恩格斯文集》第十卷，人民出版社 2009 年版，第 421 页。

和"体系，系统；组织，结构"。翻译成"建设"不太合适。

（4）"清扫领地"在柯、艾、景译本中被译为"清理债务"。

恩格斯在 1856 年 5 月 23 日致马克思的信中，向马克思讲述了自己在爱尔兰旅行的见闻。当时的爱尔兰是英国的殖民地，爱尔兰人民长期处于宗主国的奴役和压迫之下。恩格斯在信中指出：

【柯、艾、景译本】

整个的村子是荒废了，而在这些荒废的村子之中间，是小地主底美丽园邸。依然住在那一带地方的，差不多就只有这些小地主，他们大都是律师。饥荒，移民，和清理债务，合力造成了这种状态。（第 107 页）

【文集本】

整个整个的村庄荒无人烟，其间有一些较小的地主的漂亮花园，几乎只有他们还住在那里；这些人多半是律师。这种情况是由饥荒、移民和清扫领地共同造成的。①

19 世纪 40—60 年代，英国地主把大批爱尔兰佃户强行赶出家园，这被称为"清扫领地"②。因此，把"清扫领地"翻译为"清理债务"是不准确的。

---

① 《马克思恩格斯文集》第十卷，人民出版社 2009 年版，第 133 页。

② 《马克思恩格斯文集》第十卷，人民出版社 2009 年版，第 730 页，注 113。

2. 译文引起歧义

（1）"从事奢侈品生产的巴黎工人"在柯、艾、景译本中被译作"巴黎的工人，这些奢侈工人"。

【柯、艾、景译本】

他的对空想主义者之似是而非的批判与似是而非的反对……最先吸引并诱惑"优秀的青年"、学生，后来又吸引并诱惑工人，尤其是巴黎的工人，这些奢侈工人，紧附着于旧垃圾，而不自知。（第 19 页）

【文集本】

（蒲鲁东）……受到他对空想主义者的假批判和假对立的迷惑和毒害的……首先是"优秀的青年"，大学生，其次是工人，尤其是从事奢侈品生产的巴黎工人，他们不自觉地"强烈地"倾向于这堆陈腐的垃圾。[①]

【俄文底本】

(Прудон) Сначала его мнимая критика и его мнимая противоположность утопистам ……захватила и подкупила "блестящую молодежь",

---

[①]《马克思恩格斯文集》第十卷，人民出版社 2009 年版，第 243 页。

студентов, потом рабочих, особенно парижских, которые, будучи заняты производством предметов роскоши, сильно ("sehre") тяготеют, сами того не сознавая, к старому хламу.[①]

在这里，柯、艾、景译本把"尤其是从事奢侈品生产的巴黎工人"翻译为"尤其是巴黎的工人，这些奢侈工人"，"从事……生产的"（**заняты производством**）被漏译，这会引起歧义，以为这些巴黎工人本身是奢侈浪费的。

（2）"需要有对工人运动的普遍镇压"在柯、艾、景译本中被译作"会是工人运动底一种普遍的失败"。

【柯、艾、景译本】

　　要产生出一个新的国际，像旧国际一样，为各国所有无产阶级政党底同盟，会是工人运动底一种普遍的失败，如像一八四九至六四年那时的情形一样。（第38—39页）

【文集本】

　　要创立一个像旧国际那样的新国际，即世界各国各无产阶级政党的联盟，需要有对工人运动的普遍镇压，即像1849—

---

①Под редакцей В. В. Адоратского, Карл Маркс Избранные произведения, Том II, Партиздат ЦК ВКП(б), 1935, c.489.

1864 年那样的情形。[①]

【俄文底本】

Для того, чтобы был создан новый Интергационал наподобне старого, союз всех пролетарских партий всех стран, для этого было бы необходимо всеобщее подавление рабочего движения, подобно 1849-1864 гг.[②]

在这里，柯、艾、景译本把"需要有对工人运动的普遍镇压"译为"会是工人运动底一种普遍的失败"。"подавление"是"подавить"的动名词，主要意思为"镇压，压制（住）"，没有"失败"的意思。同时"镇压"和"失败"的主语是两个不同的主体，实施"镇压"的是各国反动派，而"失败"的主语是"工人运动"。恩格斯并不是指工人运动失败了才能产生新国际，而是指工人运动在各国反动派的普遍镇压下才能联合起来。

（3）"上等阶级出身的分子"在柯、艾、景译本中被译作"上级的"。

---

①《马克思恩格斯文集》第十卷，人民出版社 2009 年版，第 399 页。

②Под редакции В. В. Адоратского, Карл Маркс Избранные произведения, Том II, Партиздат ЦК ВКП(б), 1935, с.498.

【柯、艾、景译本】

……在德国，我们底党有一种腐败的精神流行着；群众之间，还没有像在领导者（上级的与"工人"）之间那么盛行。（第40页）

【文集本】

……在德国，我们党内流行着一种腐败的风气，在群众中有，在领导人（上等阶级出身的分子和"工人"）中尤为强烈。①

【俄文底本】

В Германии в нашей партии не столько среди масс, сколько среди вождей (выходцев из высших классов и "рабочих") пахнет гнилью.②

在这里，柯、艾、景译本把"上等阶级出身的分子"（выходцев из высших классов）翻译为"上级的"，这会让读者误认为是在高级领导人当中存在强烈的腐败风气。

（4）"散漫性"在柯、艾、景译本中被译作"分散"。

---

① 《马克思恩格斯文集》第十卷，人民出版社 2009 年版，第 420 页。
② Под редакцей В. В. Адоратского, Карл Маркс Избранные произведения, Том II, Партиздат ЦК ВКП(б), 1935, с.498.

【柯、艾、景译本】

在撒克逊，我党底群众大部分是手织工人，蒸气织机使他们避免不了没落，他们只靠"饥饿工资"……但他们终是不确定的，特别是因为他们底极度贫困的状态，使得他们的反抗力比都市人要弱得多，而且因为他们的分散使得他们比都市的人更易于被奴役。（第 62 页）

【全集本】

在萨克森，我们的基本群众是手工纺织工人，他们注定要被蒸汽纺织机所淘汰，他们仅仅靠一点点微薄的工资……不过，他们毕竟不太可靠，特别是由于他们处于极其贫困的状况，比城市工人的反抗能力小得多，同时由于他们的散漫性，比大城市居民更容易受政治上的奴役①。

在这里，柯、艾、景译本把"他们的散漫性"翻译为"他们的分散"，同时还漏译了"政治上的"（политически）一词。此处的俄文原文为"а их разбросанность позволяет политически поработить их с большей легкостью, чем жителей больших городов"②。"разбросанность"是"разбросанный"的抽象名词，指"分散的，零散的，不集中

①《马克思恩格斯全集》第三十五卷，人民出版社 1971 年版，第 229 页。

②Под редакцей В. В. Адоратского, Карл Маркс Избранные произведения, Том II, Партиздат ЦК ВКП(б), 1935, с.508.

的"，但如果这样直译会让读者误认为是手工纺织工人从地理位置来说居住得分散。《马克思恩格斯全集》1971 年版第三十五卷对"разбросанность"一词进行了转译，译为"散漫性"，同时把"政治上的奴役"翻译了出来，这样就把手工纺织工人在政治上的软弱性及其原因表现出来了。

3. 漏译情况

在柯、艾、景译本中存在一些漏译情况，例如：

（1）【柯、艾、景译本】

不论现在的状态是如何终结，新的运动是在一个或多或少的革命的基础之上开始的，所以，必然有一个比既往的第一个运动时期要坚决得多的性质。"和平完成目的"这句话，或者是不再用得着，或者是要用得更认真。（第 42—43 页）

【全集本】

不管现在的状态如何结束，新的运动正在一个或多或少革命的基础上开始，因此它应当比过去的运动第一阶段坚决得多。和平达到目的的说法，或者是再没有必要了，或者是毕竟不再被人们认真看待了。①

---

① 《马克思恩格斯全集》第三十四卷，人民出版社 1972 年版，第 356 页。

在这句话中，柯、艾、景译本把"或者是毕竟不再被人们认真看待了"译成"或者是要用得更认真"。这句话的俄文是："или же их перестанут принимать всерьез."① "перестанут"的动词原形为"перестать"，在这个动词的后面要接动词不定式，其含义是指"不再，不复，停止；中止"。俄文底本中在它的后面接了一个动词不定式"принимать"，有"对待，对……持某种态度"之意。显然，柯、艾、景译本漏译了"перестанут"一词，使得句子的意思发生了完全的改变。

（2）【柯、艾、景译本】

最后我要说，马克思在《布鲁美尔十八日》所给予着的那优秀的范例，对于你提的问题已经有着很适切的教示。（第97页）

【文集本】

此外，我认为马克思在《雾月十八日》一书中所作出的光辉范例，能对您的问题给予颇为圆满的回答，正是因为那是一个实际的例子。②

---

①Под редакцей В. В. Адоратского, Карл Маркс Избранные произведения, Том II, Партиздат ЦК ВКП(б), 1935, с.499.

②《马克思恩格斯文集》第十卷，人民出版社 2009 年版，第 670 页。

【俄文底本】

Вообще же я думаю, что тот прекрасный образец, который Маркс дал в 《18 брюмера》, должен вам дать довольно полный ответ на ваши вопросы как раз потому , что это——практический пример.[①]

在这里柯、艾、景译本漏译了" как раз потому , что это——практический пример"，即"正是因为那是一个实际的例子"这一从句中的内容。

---

①Под редакцей В. В. Адоратского, Карл Маркс Избранные произведения, Том I, Издательство ЦК ВКП(б), 1934, с.301.

结

语

可以说，《马恩通信选集》柯柏年、艾思奇、景林译本是中国编译出版的最早的一部马克思和恩格斯书信选集，虽然只收录31封书信，对于马克思主义创始人遗留下来的数量庞大的书信来说，仅仅是冰山一角，但它在马克思主义在中国传播历史上意义重大，从一个崭新的角度开辟了编译、研究和宣传马克思和恩格斯思想的道路。1883年马克思逝世后，恩格斯最先肯定了马克思保存下来的书信的历史意义，并曾经打算亲自编辑发表其中的一部分。列宁先后在1907年2月、4月和1913年底充分地分析了马克思和恩格斯书信的历史价值、科学价值和政治意义，并在十月革命胜利后多次指示梁赞诺夫、阿多拉茨基进行马克思和恩格斯书信的搜集、编译和研究工作。列宁自己更是认真摘录、深入研究他所看到的马克思和恩格斯书信，并在他的讲话、文章和著作中经常运用这些书信中的思想，为如何利用这些书信提供了光辉的范例。1939年，马克思主义的许多重要经典著作已经通过多种渠道传入中国，有的著作甚至已经有了多种译本，但是，作为马克思主义文献宝库中的重要部分，即马克思和恩格斯的书信却只是以散篇的形式见诸报纸杂志和著作附录中，其整体的价值和意义还不被人们所知。《马恩通信选集》柯柏年、艾思奇、景林译本在此时出版与传播无疑进一步打开了中国共产党人及先进知识分子探索真理的视野。

《马恩通信选集》柯柏年、艾思奇、景林译本中的书信选自苏联编译出版的第一部马克思恩格斯选集《马克思文选》，其中收录的"为无产阶级政党而斗争的书信""关于唯物史观的书信""论爱尔兰问题"和"马恩论俄国"等专题书信大多数是马克思和恩格斯书信中的经典名篇，它们从无产阶级政党建设、马克思主义哲学、殖民地人民的民族解放斗争，以及俄国革命经验和意义等方面，为当时中国共产党人理解马克思主义基本原理，特别是唯物史观、思考党的建设和中国革命斗争策略，提供了有益的指导。相对于一些大部头的马克思主义经典著作来说，书信的篇幅短小精炼，思想内容集中，每一封书信几乎都是针对某个现象、某种观点或某些人讲的。例如，马克思在1846年12月28日致安年科夫的信，就是针对蒲鲁东脱离个人分析社会、把社会发展归结为"无人身理性"的观点，并通过对这一观点的批判，进一步阐述了生产力和生产关系、经济基础和上层建筑之间关系的唯物史观原理。从这一方面来讲，《马恩通信选集》更易于人们在战火纷飞的环境中快速地理解和掌握马克思和恩格斯思想理论精髓。正是这一译本在中国的广泛流传，让人们初步了解了马克思和恩格斯书信对于研究和传播马克思主义理论的重要价值。

　　《马恩通信选集》柯柏年、艾思奇、景林译本是抗日战争时期我们党领导和组织编译出版的马克思和恩格斯重要著作之一，是马列著作翻译家们在极其艰苦困难的条件下所取得的大量翻译成果之一。尽管现在看来，这个译本存在着个别翻译上的错误和遗漏（这可能与《马恩通信选集》是根据苏联外国工人出版局出版的德文版《马克思文选》翻译的有关，而这部选集的原始版本是俄文版，是否存在两次转译不得而知），但对马克思和恩格斯书信中的总体思想的传达与当今版本的译文并无二致，反映了不同时代的马克思主义话语体系，体现了那一时期的语言特色。这就是今天我们重温并研究这个译本的价值所在。

参考文献

［1］马克思恩格斯全集：第 31 卷 [M]. 北京：人民出版社，1972.

［2］马克思恩格斯全集：第 34 卷 [M]. 北京：人民出版社，1972.

［3］马克思恩格斯全集：第 35 卷 [M]. 北京：人民出版社，1971.

［4］马克思恩格斯全集：第 36 卷 [M]. 北京：人民出版社，1975.

［5］马克思恩格斯全集：第 37 卷 [M]. 北京：人民出版社，1971.

［6］马克思恩格斯全集：第 38 卷 [M]. 北京：人民出版社，1972.

［7］马克思恩格斯全集：第 39 卷 [M]. 北京：人民出版社，1974.

［8］马克思恩格斯全集：第 25 卷 [M]. 北京：人民出版社，2001.

［9］马克思恩格斯文集：第 3 卷 [M]. 北京：人民出版社，2009.

［10］马克思恩格斯文集：第 10 卷 [M]. 北京：人民出版社，2009.

［11］马克思恩格斯文选（两卷集）：第一卷 [M]. 莫斯科：莫斯科外国文书籍出版局，1954.

［12］马克思恩格斯文选（两卷集）：第二卷 [M]. 莫斯科：莫斯科外国文书籍出版局，1955.

［13］列宁专题文集：论马克思主义 [M]. 北京：人民出版社，2009.

［14］列宁全集（第 2 版增订版）：第二十四卷 [M]. 北京：人民出

版社，2017.

　　［15］毛泽东选集：第 2 卷 [M]. 北京：人民出版社，1991.

　　［16］毛泽东书信选集 [M]. 北京：人民出版社，1983.

　　［17］毛泽东在七大的报告和讲话集 [M]. 北京：中央文献出版社，1995.

　　［18］中共中央马克思恩格斯列宁斯大林著作编译局 . 马克思恩格斯生平事业年表 [M]. 北京：人民出版社，1976.

　　［19］张静庐 . 中国现代出版史料·丙编 [M]. 北京：中华书局，1957.

　　［20］裴之倬 . 中共党史人名录 [M]. 重庆：重庆出版社，1986.

　　［21］林穗芳 . 列宁和编辑出版工作 [M]. 北京：中国书籍出版社，1987.

　　［22］延安整风运动纪事 [M]. 北京：求实出版社，1982.

　　［23］北京图书馆马列著作研究室 . 马克思恩格斯著作中译文综录 [M]. 北京：书目出版社，1988.

　　［24］中央马恩列斯著作编译局马恩室 . 马克思恩格斯著作在中国的传播 [M]. 北京：人民出版社，1983.

　　［25］学习杂志编译部 . 马克思·恩格斯关于历史唯物论的信 [M]. 艾思奇，译，北京：学习杂志社，1951.

　　［26］赵玉兰 . 从 MEGA1 到 MEGA2 的历程——《马克思恩格斯全集》历史考证版的诞生与发展 [M]. 北京：中国社会科学出版社，2013.

　　［27］姚颖 . 苏联时期马克思恩格斯重要著作编纂研究 [M]. 北京：

中国人民大学出版社，2018.

［28］Под редакцией В. В. Адоратского. Карл Маркс Избранные произведения: Том Ⅰ. Издательство ЦК ВКП(б), 1934.

［29］Под редакцией В. В. Адоратского. Карл Маркс Избранные произведения: Том Ⅱ. Партиздат ЦК ВКП(б), 1935.

［30］Литературное наследство К. Маркса и Ф. Энгельса: История публикации и изучения в СССР. Политиздат, 1969.

［31］Е. Кандель составил. О публикации литературного наследства К.Маркса и Ф.Энгельса. Государственное издательство политической литературы, 1947.

［32］Л. А. Левин. Библиография произведений К.Маркса и Ф.Энгельса. Государственное издательство, 1948.

［33］Под редакцией М. Б. Митина. Карл Маркс Избранные произведения: в двух томах, Государственное издательство политической литературы, 1940.

原版书影印

说　明

　　《马克思主义经典文献传播通考》各册均附有原版书影印资料，即马克思主义经典著作中文译本。本丛书所称"译本"是指：1.我国单行出版的马克思、恩格斯、列宁等原著，包括著作、书信选译和专题文集；2.报纸、杂志连载马克思、恩格斯、列宁等著作的完整译文。鉴于中华人民共和国成立前，马克思主义经典著作的译本数量众多，版次与印次繁杂，本丛书所附译本均作专门说明。

　　本册所附《马恩通信选集》柯柏年、艾思奇、景林译本为1949年12月延安解放社出版。

解 放 社 編

馬恩通信選集

馬恩通信選集

解放社編

馬恩通信選集

一九四九年十二月出版

·編　者·

解　放　社

·譯　者·

柯柏年　艾思奇　景林

·發行者·

新華書店

上海四川北路新鄉路一號

·印刷者·

新華印刷廠

上海西康路四八九號

1—1,0000(S1)　　　　　　　　　　0216

目　錄

爲無產階級政黨而鬥爭的書信

——柯柏年譯 • 徐冰校——

一　馬克思致恩格斯的信[*]

一八六四年十一月四日於倫敦

國際工人聯合會[**]

不久以前，倫敦的工人爲了波蘭事件，致書巴黎的工人，要他們在此事件中採取共同行動。

巴黎工人派了代表到倫敦來，爲首者是工人託蘭

---

[*]　馬克思不祇是工人階級底偉大理論家，而且是世界共產黨底指導者與創始者。馬克思與恩格斯爲了無產階級黨底創造與團結，而進行頑强的鬥爭，歷數十年。一八八九年，恩格斯在致丹麥社會主義者特里爾（Trier）的一封信中，關於這種鬥爭寫過以下的話：「無產階級爲要在決定勝負的日子有充分的力量可以勝利，他必須建立一個特別的政黨，與一切其他的政黨分開，與他們相對立，這卽是說建立一個有階級意識的階級政黨；——馬克思與我自從一八四七年以來，就抱着這種主張。」（恩格斯致特里爾的信，一八八九年十二月十八日）

一八四六年時，恩格斯便已經進行反對『眞實的社會主義』底小資產階級觀點的鬥爭；（參閱『共產黨宣言』中文本解放社版第四十九頁）

馬 恩 通 信 選 集

（Tolain）。託蘭是在巴黎最近選舉時本來的工人候選者，是一位很和藹可親的人（他的同伴也都是很和藹可親的青年）。一八六四年九月二十八日，在聖馬丁堂（St. Martin Hall）舉行公開的大會；這個大會是由烏特

他在巴黎的一個德國工人訓練班中，對於共產黨底任務曾有如下的規定：一、與有產者利益相違反著，實現無產者的利益；二、以廢除私有財產與代之以財產共有制來實現之；三、除了暴力的民主革命外，不承認有其他實行此種意見的方法。（一八四六年十月二十三日恩格斯致馬克思的信，見「馬恩全集」，第三部，第一卷，第五十頁）

　　馬克思與恩格斯所進行的建立一個眞正的無產階級政黨的鬥爭，在他們底通信中反映得十分明顯。

　　列寧說：這通信集寫道，它包含着「無產階級基本目的之最深刻的了解，並依據着這些革命目的底觀點，對策略底某些任務之異常富有伸縮性的規定，對機會主義或對革命的空談毫不讓步」。（見「列寧全集」，俄文版，第十七卷，第三十頁）

　　馬克思與恩格斯往來的書信，顯示出他們兩人五十年來在國際工人運動底隊伍間的不屈不撓的鬥爭。我們這裏所選印出來的他們的書信，只不過一些個別例子，例示馬克思與恩格斯兩人爲建立一個眞正的工人階級革命政黨，而對各式各樣的右的與「左的」機會主義進行澈底的、頑强的與熱烈的鬥爭。馬克思與恩格斯在他們致第三者的書信中所論及的一切本質上的問題，他們兩人的意見，是完全一致的。所以，恩格斯當馬克思在世時寫給柏克爾（Becker）、左爾格（Sorge）、倍倍爾（Bebel）、伯因斯坦（Bernstein）和別人的信，所發表的見解，是這兩位國際無產階級導師底共同見解。　　　　　　—— 編輯部註

為無產階級政黨而鬥爭的書信

格（Odger）（鞋匠，全倫敦工會聯合會底會長，又特別是與布萊特（Bright)有關係的『工會選舉權鼓動協會』底會長）與克雷麥（Cremer）（建築工人與建築工人工會底書記）所召集的。（這兩人，在布萊特指導之下，為北美事件＊＊＊召集工會大會開會於聖哲姆堂（St.James Hall），為加里波的宣言（Garibaldi manifestations)也同樣召集大會）他們派勒路伯茲（Le Lubez）來見我，問我願否代表德國工人參加，特別是問我能否派一個德國工人到大會去演講。我派厄卡里亞斯（Eccarius）去，他演講得很好。我自己在講台上做一個啞角幫助他。我知道，在倫敦與巴黎這兩面，這一次出現了眞正的『勢力』，所以，我決定把我對這類邀請都加以拒絕的常規取消了……又決議於一八六五年召集工人大會於比利時＊＊＊＊。大會又任命下列諸人，組織一個臨時委

＊＊　這封信是討論第一國際——它『安下了無產者為社會主義的、國際的鬥爭底基礎』。（列寧）——之創立，及第一國際底『創立宣言』是在什麼條件下寫成的。　　　　　　　——編輯部註

＊＊＊　這是指美國的內戰，工業的北部與擁有奴隸的南部之間的內戰（一八六一——六五年）。　　　　　　　——編輯部註

＊＊＊＊　第一國際底第一次大會，不是在一八六五年，而是在一八六六年舉行的；不是在比利時，而是在瑞士開會（日內瓦）。
　　　　　　　　　　　　　　　　　　　——編輯部註

馬恩通信選集

員會：烏特格、克雷麥，還有別的好幾位———一部分是
老的憲章運動者，一部分是老的歐文主義者等等——代
表英國；烏爾佛、馮丹那（Fontana），和其他意大利
人，代表意國；勒路伯茲諸人代表法國；厄卡里亞斯與
我代表德國。大會授權與臨時委員會恣意選收會員。

（勒路伯茲是一個三十幾歲的法國青年，但他生長
於澤稷與倫敦，英語說得極好，是法國工人與英國工人
之很好的居間人。）（音樂教師與法文教師）

會場的人，擁擠得透不過氣來（現在顯然表現出工
人階級底再活躍）。在大會中，烏爾佛少佐(圖恩·塔西
斯，加里波的底副官）代表着倫敦的意大利工人協會。
大會決定創立國際工人聯合會，總委員會設於倫敦，爲
德國、意國、法國和英國各國工人協會間的『媒介』。

到這裏爲止，情形是很好的。我出席了委員會底第
一次會議。任命一個小委員會（我也在內），以起草原
則宣言與臨時規約。我因爲身體不好，不克出席小委員
會底會議，以及隨後的全體委員會底會議。

在我所沒有出席的兩次會議——小委員會底會議與
隨後的全體委員會底會議——中，發生了下面這些事
情：

烏爾佛少佐提出意大利工人協會（它沒有一個中央
組織，可是後來顯露出它在本質上是聯合的協濟會）底

為無產階級政黨而鬥爭的書信

規約，以備新協會採用。我後來看到了那份規約，它顯然是馬志尼（Mazzini）底著作，所以，你已可知道它討論眞正的問題——工人問題——時，是抱着那種精神，用着那種辭句了，而且是怎樣把民族問題插進去的。

此外，又有一個老歐文主義者威斯頓——他自己現在是一個製造廠主，是一位非常可愛可敬的人物——起草了一個思想極紊亂而又冗長的綱領。

後來的總委員會會議，就委託小委員會去修改威斯頓底綱領與烏爾佛底規約。烏爾佛自己離開倫敦，往那波里出席意大利工人協會大會，以決定使它加入倫敦的中央聯合會。

另一次小委員會會議，我又沒有出席，因為通知我開會是通知得太遲了。在這次會議中，勒路伯玆提出了『原則宣言』與烏爾佛底規約底改作，由小委員會通過交付總委員會討論。總委員會於十月十八日開會。厄卡里亞斯寫信給我說，遲延就有危險。我於是赴會，當聆聽可敬的勒路伯玆誦讀一篇辭句修飾得太過、但寫得很不好、而又完全未成熟的序言——冒稱為原則宣言時，我確為之吃驚。那篇序言隨處都可發覺出馬志尼的思想，而其全部是披蓋着法國社會主義底最模糊的爛衣。此外意大利的規約是大體上被通過了，除了其他的一切錯誤之外，還企圖要建立一種在事實上完全不可能的歐洲工人階級底中央政府（站在這中央政府背後的，自然是馬志尼）。我提出很溫和的反對，經過很長時間的一來一往的討論，厄卡里亞斯提議小委員會應將此事再交給它底『起草委員會』修改。同時又表決通過了勒路伯茲底宣言所包含的『旨趣』。

二天之後，十月二十日，克雷麥（代表英國工人）、馮丹那（代表意國工人）與勒路伯茲在我家中開會（威斯頓不能出席），一直到現在，我還沒有拿到這些文件（烏爾佛與勒路伯茲的），所以事先不能有什麼準備；但堅決地確定，如果是可能的話，決不許原文有一行留存。爲要取得時間，我提議在我們『修改』之前，我們應先『討論』規約，照我這個提議實行。當大家對四十條規約底第一條得到同意時，已是午夜後一點鐘了。克雷麥就說（這正是我所期望的）：在十月二十五日委員會開會的時候，我們並沒有什麼東西可提出，我們必須把會期延到十一月。這樣，小委員會可以在十月二十七日開會，努力求得一個確定的結果。這個提議通過了，『文件』就『留給』我研究。

我見到，從這些草案中是作不出什麼東西的。爲了辯解我整理這已經『通過的旨趣』所用的一種極特別的方式，我就寫了『告工人階級書』（An Address to The Working Class），（一種對於一八四五年以來工人階級

為無產階級政黨而鬥爭的書信

底各種事件的回顧；這是原來計劃所無的），因而藉口
說一切事實的東西都已經包括於『告工人階級書』，我
們不應把同一的東西重複說三遍，就把序言全部變更，
把原則宣言刪去，最後又把四十條規約改為十條。在
『告工人階級書』中，論及國際政治時，我不說各民
族，而說各國，我不申斥小國，而申斥俄國。我底建
議，全部為小委員會所通過。不過要我負責把『義務』
與『權利』這兩個名詞採用入於規約底序言中，同樣
地，也要採用『眞理、道德與正義』；但我把它們安插
得不會發生什麼害處。……

　　要使我們的見解表現在為工人運動底現在的立場所
能接受的方式內；——這件事情是很困難的。這些人在
幾個星期後，就會為選舉權而與布萊特和柯勃登（Cob-
den）開會去了。要復醒了的工人運動容許言辭底老的
勇敢性，是還需要時間的。內容強硬而形式溫和；這是
必要的。東西一印出，我就送給您＊。

──────────

＊　參閱第一國際底『創立宣言』。
　　　　　　　　　　　　　　　──編輯部註

二　馬克思致顧格曼的信

一八六五年二月二十三日於倫敦

　　我昨天接到你底非常有興味的信，現在我在各點上來回答你。

　　最先，我簡單說明我對拉薩爾的關係。在他從事實際鼓動時期，我們的關係是斷絕了：（一）因爲他自畫自讚的吹法螺，同時他最無恥的剽竊我的著作等等；（二）因爲我非難他的政治策略；（三）因爲在他的鼓動以前，我已在倫敦這裏，對他很詳細解釋並『證明』了：『普魯士國家』底直接的社會主義的干與，是很荒謬的。在他寫給我的許多信（從一八四八至一八六三年）中，和在我們兩人親自會見中一樣，他總是聲明他是我所代表的那個黨底信徒，當他（於一八六二年末）在倫敦自己確知不能再對我玩弄他的詭計時，他就決定反對我，把舊時的黨儕稱爲『工人底獨裁者』。雖有這一切，就是在他的短促的生命底末年時他底鼓動對於我

为無産階級政黨而鬥爭的書信

是兩面性的，我還是承認他的鼓動底功績。他底驟然的死，舊日的友情，哈茨斐爾德伯爵夫人寫來的悲哀的信，對於資産階級報紙之憤懣（因爲資産階級報紙當他在世的時候對他非常懼怕，他死後却以卑怯的無禮對待他）——這一切使着我發表了一篇簡短的聲明，反對貧困的盲目，可是在這篇聲明中並沒有講到拉薩爾活動底內容。（哈茨斐爾德把這篇聲明送到『北星』發表）

　　爲着同樣的理由，並希望能夠把我認爲危險的因素除去，恩格斯和我就答應寄稿給『社會民主主義者』（他發表了『創立宣言』底德譯文，當蒲魯東死時，由於編輯者的請求，我爲他寫了一篇關於蒲魯東的論文，在舒維澤（Schweitzer）把他的令人滿意的編輯工作計劃送給我們之後，我們就答應列名爲撰稿者。李卜克內西擔任編輯部底非正式的編輯，對我們又多一層保證）。

　　可是，不久，我們得到了證據，知道拉薩爾事實上叛變了黨*。拉薩爾與俾斯麥訂立正式的契約（自然，

---

　　* 不久之後，舒維澤『繼續執行』拉薩爾底政策，擁護俾斯麥，已成爲顯明的事。因爲這個緣故，馬克思與恩格斯以及李卜克內西，都公開拒絕再投稿於『社會民主主義者』。

—— 編輯部註

他手中是沒有什麼保證的）。在一八六四年九月末，他到漢堡去，在那裏（連同癲狂的斯拉姆與普魯士的警探麥爾）强迫俾斯麥合併什列斯威——好斯坦(Schleswig-Holstein)＊，這卽是說 ， 以『工人』底名義來宣佈這種合併等等。俾斯麥答應普遍選舉權與幾種冒牌社會主義的設施，作爲酬報。可惜，拉薩爾不能把喜劇演畢。他把他顯露爲一個非常滑稽的受愚弄的！一切企圖着使這種方式永遠不會再行發生。

　　拉薩爾陷入 這個歧途 ， 因爲他是密圭爾（Miquel）一型的『現實政治家』，只是規模比較大，目的比較遠〔順便說一說，我對於密圭爾早就看得很清楚，我認爲他的得勢是由於國民聯合會（Nationalverein）＊＊ ， 對於這位渺小的漢諾威（Hanover）的律師是一個光彩的藉

　　＊ 什列斯威與好斯坦這兩個公國。已是通過一個個人聯合與丹麥聯繫着，普魯士企圖吞併這兩個公國。拉薩爾建議於俾斯麥對丹麥宣戰與合併什列斯威——好斯坦，他並且答應『以工人底名義』擁護俾斯麥此舉，如果俾斯麥答應施行普選制。　　　　　　——編輯部註

　　＊＊ 國民聯合會成立於一八五九年九月，是一部分普魯士資產階級底組織，宣傳日耳曼各邦——除奧地利之外——底統一，以普魯士爲盟主。從這個國民聯合會，後來產生出大資產階級的國民自由黨；國民自由黨是俾斯麥政策底的主要擁護者之一。

　　　　　　　　　　　　　　　　　　　　　　　　——編輯部註

爲無產階級政黨而鬥爭的書信

口，使全德國在它的四個區域以外都聽到他的言論，這樣提高了的『現實』，把他自己再反應到漢諾威內地，使他在『普魯士』保護之下扮演『漢諾威的』米拉波（Mirabeau）〕。一如密圭爾及其現在的朋友拉住的普魯士攝政親王所創始的『新時代』，以便使國民聯合會會員緊靠『普魯士的元首』，一如他們是一般地在普魯士保護之下發展着他們底『市民的自負心』；拉薩爾也這樣以烏可馬克（Uckermark）的腓力普第二（Philip II）來扮演無產階級底波莎侯爵（Marquis Posa），而俾斯麥則做他與普魯士王國之中間人。他不過是仿效着國民聯合會底先生們。雖然那些引起了有利於中等階級的普魯士的『反動』，拉薩爾是爲着無產階級的利益與俾斯麥握手。那些先生們的行爲，是比拉薩爾更爲正當，因爲資產階級已慣於把在他眼前的利益視爲『現實者』，而且在事實上，這個階級到處都甚至對封建主義也已妥協，依事件底性質，勞動階級却是眞正革命的。

　　對於像拉薩爾那樣的戲劇似的自負的天性（可是他不是官職、市長職等等這一類的微末的廢物所能賄買的），是一個極有誘惑力的思想：一件直接爲着無產階級的利益而由拉薩爾執行的事業！他事實上對於這事業底眞實的經濟條件是太無知了，使他不能誠實地批評自己！在另一方面，卑劣的『現實政治』——使德國資產

— 13 —

階級容忍一八四九至五九年的反動並對於人民底愚化旁觀的『現實政治』——使德國工人『墮落』了，要他們不歡迎這位答應幫助他們一躍就進入樂土的大言不慚的救主，是辦不到的啊！

　　前面中斷了的話頭，現在再拾起來吧。『社會民主主義者』才創立，年老的哈茨斐爾德就要執行拉薩爾底『遺囑』。她經過華格納（『十字報』的）與俾斯麥發生關係。她把工人協會（全德國的），『社會民主主義者』等等都交歸他處理。什列斯威—好斯坦之合併，將在『社會民主主義者』上宣佈，並一般承認俾斯麥爲保護者等等。這整個美妙的計劃失敗了，因爲我們有李卜克內西在柏林在『社會民主主義者』底編輯部。恩格斯與我對於『社會民主主義者』的編輯法，對於它之阿諛拉薩爾，對於它之不時向俾斯麥賣俏等等雖然都厭惡，但我們暫時還是要公開贊助這份報紙，使年老的哈茨斐爾德底陰謀失敗，並阻止工人黨底完全妥協，這自然是更爲重要的。因此，我們要以良好的態度，去應付惡劣的工作，雖然我們時常私下寫信給『社會民主主義者』叫它對俾斯麥也要像對進步主義者一樣反對。我們甚至對高慢的妄人柏克爾——他對拉薩爾在遺囑中給他的重要性十分當眞——反對國際工人聯合會的陰謀，也加以容忍。

爲無產階級政黨而鬥爭的書信

在這個時候，舒維澤在『社會民主主義者』所發表的論文，更加俾斯麥氣味了。我以前曾寫信給他說，在『結社問題』（Koalitionsfrage）上是能夠威嚇進步主義者的，而普魯士政府却永遠不會承認完全廢除結社條例（Koalitionsgesetze），因爲這會引起官僚主義之破壞，工人之開放，僱傭制度之毀滅，農村中貴族壓制之廢除等等，這一些，都是俾斯麥所決不容許的，而且，都是與普魯士的官僚主義的國家完全不相容的。我來補充說，如果議會把結社條例否決了，政府一定會借助詞令（如像『社會問題需要「更深刻的」步驟』這類的詞句），以維持它。這一切都證實了。舒維澤做什麼呢？他寫了一篇擁護俾斯麥的論文；把他所有的勇氣都節省來對付像舒爾茨（Schulze）、佛查（Faucher）等等這一類無限微小的人物。

我相信舒維澤等等是誠意地思量着，但他們是『現實政治家』。他們要順應着現存的情况，而不願把『現實政治』底特權讓給密圭爾這一派所獨享（密圭爾派好像是要保留着他們與政府相融合之權利）。他們知道工人報紙與工人運動，在普魯士（因而在德國的其他各地）之所以能存在，完全是靠着警察底恩寵。所以，他們承受原來的事態，而不願激怒政府，正如我們的『共和主義的』現實政治家願意『容忍』一個荷亨左倫王室的人物做皇帝一樣。

我既然不是一個『現實政治家』，覺得有與恩格斯共同簽名發表一封 公開 聲明書宣佈與『 社會民主主義者』斷絕一切關係之必要（這封公開聲明書你不久就可在這份或那份報紙看到的）。你同時也將了解爲什麼目前我在普魯士已不能有所作爲。那裏的政府直接拒絕恢復我在普魯士的公民權。在那裏只容許我在俾斯麥所合意的形式內從事鼓動。

我在這裏百倍地通過國際工人聯合會從事鼓動。國際工人聯合會對英國無產階級的影響是直接的，而且是有最高的重要性。現在我們在這裏從事鼓動普選權的問題，這個問題在這裏與在普魯士有完全不同的意義。

就整個來說，國際工人聯合會底進步，在這裏，巴黎、比利時、瑞士和意大利，全超出預料之外。只是在德國，拉薩爾底後繼者自然反對着我，第一，他們愚蠢地怕失去他們的重要性，第二，是他們知道我是斷然地反對德國人所稱爲『現實政治』的（使德國比所有的文明國落後這麼遠的，正是這一類的『現實』）。

既然是每個人只要付出一個先令買會員證就算是聯合會底會員；既然是法國人（比利時人也同樣）採擇這種個人會員底形式，因爲法律禁止他們以團體來加入我們的聯合會；既然在德國的情形也是相同，我現在就決

為無產階級政黨而鬥爭的書信

定要求在這裏的和在德國的朋友們，不論他們在什麼地方，都組織小團體——會員人數之多少是沒有關係的——每人都買一張英國會員證。英國的團體既然是公開的，連在法國這樣進行也不遭受什麼阻礙。如畢您也在鄰近的地方用這樣的方法與倫敦聯絡，我是很高興的。

三　馬克思致顧格曼的信

一八六六年十月九日於倫敦

　　……我對於在日內瓦的第一次大會＊，曾經十分担心。可是，就整個來說，超過我的預期，結果良好。在法國、英國，和美國的影響是出乎預想之外。我不能，也不願到日內瓦去，但寫了倫敦代表團底綱領。我故意把綱領只限於容許工人直接和協與共同行動，以及直接給予階級鬥爭底需要和工人組織成爲階級之需要以養料與推動的幾點。

　　巴黎的先生們腦子充滿着最空洞的蒲魯東主義的文句。他們空談着科學，實則一無所知。他們輕蔑一切的

　　＊　第一國際底第一次大會，是在一八六六年開會於日內瓦，討論第一國際底規約和組織，工會問題，合作社問題，以及許多別的問題。主要依靠於法國代表特別是巴黎代表們的蒲魯東信徒們在大會上有着大的影響。

——編輯部註

為無產階級政黨而鬥爭的書信

革命的行動——卽是，從階級鬥爭本身所發生的行動，一切集中的社會運動，因而一切以政治方法（如，在法律上規定工作時間底縮短）來實現的運動。借着自由底口實，借着反政府主義或反强權個人主義底口實——這些先生們在十六年來，泰然地忍受了最悲慘的專制主義，而現在還忍受着呢！ * ——他們在實際上是宣傳着正規的資產階級的經濟，不過是把它蒲魯東式地理想化罷了！蒲魯東惹起了極大的禍害。他的對空想主義者之似是而非的批判與似是而非的反對（他自己是一個庸俗的空想家，可是在傅立葉、歐文等人底空想中，却有一個新的世界之預見與想像的描寫），最先吸引並誘惑『優秀的青年』、學生，後來又吸引並誘惑工人，尤其是巴黎的工人，這些奢侈工人，緊附着於舊垃圾，而不自知。他們是無學識的、虛浮的、傲慢的、空談的、誇張的、自負的，已到了將要敗壞一切的地步，因為他們社會的人數完全不合乎他們的會員人數的比例。我將在報告中隱蔽地打擊他們。

同時在巴爾提摩開會的美國工人大會，給了我大的喜悅。那裏的口號是：『組織起來，以進行反對資本的

* 路易·潑拿泊（Louis bonaparte）政變後的十六年。（參看『拿破崙第三政變記』）
                                        ——編輯部註

鬥爭。』可注意的是，我爲日內瓦大會所提出的那些要求之大部分，在那裏同樣由工人底正確本能提出來了。

　　這裏的由我們的中央委員會——我在裏面是進行了好的工作——所喚起的改良運動，現已達到很廣大的和不能抗禦的範圍了＊。我始終是在幕後。現在旣已在進行着，我也就用不着再掛慮它了。

四　馬克思致恩格斯的信

一八六七年九月十一日於倫敦

　　……在下次的布魯塞爾大會＊上，我將親自對那些蒲魯東派底蠢才們給以最後的打擊。我曾用外交的方式來處理了整個事件，而且，在我的書還沒有出版與我們的國際工人聯合會還沒有鞏固以前，我不願親自出面。再者，在總委員會底報告中，我將鞭打他們一頓（這些巴黎空談家雖然極力反對可是阻止不了我們的再當選）＊＊。

　　在這個時候，我們的國際工人聯合會有了很大的進步。卑污的『星報』，它以前企圖完全抹殺我們，昨天却在一篇社論中說我們是比和平會議還要重要。舒爾茨‧

　　＊　第一國際底布魯塞爾會議，開會於一八六八年。馬克思沒有出席那次大會，但他領導着它底準備工作。　　——編輯部註

　　＊＊　馬克思是指在一八六七年九月第一國際底洛桑大會中的總委員會的選舉。在此大會上馬克思又被選入總委員會。——編輯部註

德里茲（Schulze Delitzsch）並不能阻止他的柏林的『工人協會』加入我們的國際工人聯合會。英國工會主義者中的豬狗們，以前我們對於他們『太遠』，現在却跑步走向我們這裏了。除了『法國信使』（Courier Francais）之外，紀蘭丁（Girandin）底『自由』（Liberte），『世紀』（Siecle），『世界』（Mode），『法國新聞』（Gazette de France）這些報紙，都登載着我們大會底消息。事態是在進展着的。在下次的革命（它也許比它所表露還要近些）時，我們（卽是你與我）握有着這一架强有力的機器在我們手裏。將這來與馬志尼等在近三十年來的活動底效果比比看！而且，沒有金錢工具與巴黎的蒲魯東派，意大利的馬志尼，倫敦的嫉妬的鳥特格、克雷麥、普德（Potter）諸人底陰謀比比看，與德國的舒爾茨•德里茲派和拉薩爾派比比看！我們大可以滿足呢！

五　馬克思致恩格斯的信

一八六九年三月五日於倫敦

……巴枯寧（Bakunin）想：如果我們承認他底『急進綱領』（Programme radical），他對此能大加宣傳，就可與我們——儘管是這樣少——妥協＊。如果我們聲明反對他底『急進綱領』，他就詆毀我們爲反革命者。此外，如果我們容認他們，他就準備在巴塞爾大會上以幾個流氓來幫助。我以爲應當在這個路線中來回答：

＊　這封信是討論第一國際總委員會與巴枯寧派之間的談判。巴枯寧是一個無政府主義者。巴枯寧派加入第一國際時，還保持着他們的祕密組織『社會民主主義聯盟』（„Alliance de la democratic socialiste"）。他們進行着猛烈的派別鬥爭，反對在馬克思領導下的總委員會，他們特別劇烈反對承認工人階級有進行政治鬥爭之必要，反對在第一國際隊伍中的中央集權與紀律。在一八七二年，巴枯寧被開除出第一國際。　　　　　　　　　　　　——編輯部註

— 23 —

根據規約第一條，『抱着同一的目的，卽工人階級底保護、進步與完全的解放』的工人團體都得加入。

因爲在同一國內，各工人支部底發展階段，以及各國工人階級底發展階段必然地極不相同，因此，現實的運動，必然是表現於相差很大的理論形態中。

國際工人聯合會所產生的共同行動，通過各國支部底各機關之交換思想，最後，在大會上的直接的討論，將逐步創造出一般的工人運動之共通的理論綱領。

所以關於『同盟』底綱領，總委員會不必將它提付精密的審查。總委員會不用研究它是不是工人運動底適當的科學的表現；而只要問綱領底一般的目的是否不與國際工人聯合會底一般的目的——工人階級底完全解放——相矛盾就得啦！

這樣的非難，只適用於綱領第二條中的一句：『它最先是要各階級底政治的、經濟的與社會的平等化。』『各階級底平等化』，照字面上的解釋，就不過是資產階級的社會主義者所宣傳的『資本與勞動的協調』之另一說法。國際工人聯合會努力的最後目標並不是那在邏輯上不可能的『階級底平等』，而是那在歷史上爲必然的『階級底廢除』。但從那句話在綱領中的前前後後的關係看來，不過是一個筆誤。所以總委員會將這句可以引起嚴重的誤解的話，從綱領中刪去，是沒有遲疑的。

為無產階級政黨而鬥爭的書信

　　以此為前提，那末，讓每一個支部對它自己的綱領負責，是與國際工人聯合會底原則相符合的。所以沒有什麼東西妨礙着把『同盟』底諸支部轉變成為國際工人聯合會底支部。

　　這事一經實現，新加入的支部之按照國籍、住所，與數目的統計，就應按照規則送到總委員會來。……

六　馬克思致波爾德的信

一八七一年十一月二十九日於倫敦

……國際工人聯合會已建立起來，以便以工人階級底真實的鬥爭組織來代替社會主義的或半社會主義的宗派。這只要看最初的規約與『創立宣言』，就可一目瞭然。另一方面，如果歷史底進程不是已經把宗派主義打得粉碎了，國際工人聯合會也就不能保持。社會主義的宗派主義底發展與真實的工人運動底發展常為反比例。當宗派還是（歷史地）正當的時候，工人階級就還沒有成熟到可進行獨立的歷史的運動。工人階級一朝達到成熟，所有的宗派在本質上就都是反動的。歷史在各處所顯示的在國際工人聯合會底歷史中也重複着。陳腐的東西企圖在新獲得的形態之內，重新恢復並保持着。

有許多宗派與好事者底實驗企圖在國際工人聯合會內保持其地位，反對工人階級底真實的運動；國際工人聯合會底歷史，就是總委員會對於它們的不斷的鬥爭。

－ 26 －

這種鬥爭在大會中進行；但在總委員會與各個宗派個別討論中進行的，還要多得許多。

在巴黎，因爲蒲魯東主義者（互助主義者）＊是國際工人聯合會底共同建立者，在最初的數年間，自然握有那個地方的指導權。後來，自然有集產主義派、實證主義派等等集團成立起來，與他們相對峙。

在德國是拉薩爾派。我自己與惡名昭著的舒維澤通信了二年；在這些通信中，我對他無可辯駁地證明了拉薩爾底組織只是宗派組織，與國際工人聯合會所期求的真正工人運動底組織是不相容的。他不理解此事，自有他的『理由』。

一八六八年末，俄國人巴枯寧加入國際工人聯合會，他抱着一個目的，要在國際工人聯合會內造成一個以他爲領袖的第二國際，命名爲『社會民主主義同盟』，他——一個沒有任何理論知識的人——要求在那個特殊團體內代表國際工人聯合會底科學宣傳，而同時在國際工人聯合會內作爲這個第二個國際底特殊職務。

他的綱領，是膚淺地採取左派與右派一些東西而成

＊　蒲魯東主義者自稱爲互助主義者；這個名稱是從 Mutuel（相互的）這個字出來的；蒲魯東主義者提出『互助』底口號。

——編輯部註

的混雜物——階級底平等（！）；財產繼承權底廢除作
爲社會運動底出發點（聖西門底謬論）；無神主義作爲
會員都必須遵守的敎義等等；而主要的敎義（蒲魯東主
義的敎義）是逃避政治運動。

這本兒童入門書，在意大利與西班牙（那裏的工人
運動底現實的條件還不大發展）受到了歡迎，並且還有
相當的立足地，而在說法語的瑞士與在比利時也有少數
的虛榮的、野心的、空虛的理論家，歡迎着它。

敎義（他從蒲魯東、聖西門等等所採取來的一堆廢
物）對於巴枯寧是一種次要的東西——不過是達到他的
個人主張之手段。如果他在理論上是等於零，他做一個
陰謀家却是擅長的。

總委員會與這種陰謀（這陰謀是得到了法國的蒲魯
東主義者——尤其是法國南部的蒲魯東主義者——之某
種程度的支持）鬥爭了許多年。最後，總委員會由大會
底決議第一之（二）與（三）項，第九，第十六與第十
七，給它一個準備了好久的打擊＊。

總委員會在歐洲所反對的，在美洲也顯然不會擁護
的。決議第一之（二）與（三）項和第九，現在給了紐
約委員會以合法的武器，以終結一切的宗派與好事者集
團，必要時可將他們開除。……

工人階級底政治運動，當然是以奪取政權爲其最終

為無產階級政黨而鬥爭的書信

目的。爲此，工人階級之一種從經濟鬥爭自身中生長出來而已發展到一定程度的以前的組織自然是必要的。

可是，別一方面，每一個運動，在這兒工人階級是作爲一個階級去與統治階級相對立並企圖從外部以壓力強制他們，都是一個政治運動。例如：在某一個別工廠，或某一作坊中，以罷工等等強制個別資本家把工作時間縮短，這是一個純粹的經濟運動；反之，這運動如果是要以強力爭取八小時制等等的法律，那就是政治運動。在這個方式下到處都是從工人底個別的經濟運動中生長出政治的運動，這卽是說，階級底運動，以便在一般的形態（具有一般的社會的強制力之形態）中實現它底利益。如果這些運動是以某種從前的組織爲前提的，那末，這些運動之本身也同樣是促進這個組織發展之手段。

在工人階級於組織上還沒有進步到能與集體權力

---

    * 馬克思是指第一國際底倫敦大會（一八七一年九月）而言。這次大會是特別討論工人階級底政治組織之問題。馬克思說到的決議，是關涉下列的問題：第一之（二）與（三）項，國際工人聯合會之鞏固，總委員會底中央集權與領導作用之加強；第九，無產階級底獨立的政黨之必要，政治鬥爭與經濟鬥爭最密切的結合之必要；第十六與第十七，巴枯寧主義的小組織（『社會民主主義同盟』）之取消。

——編輯部註

馬 恩 通 信 選 集

——卽統治階級底政治權力——作決戰的地方，不論如何，必須經過不斷的鼓動以反對統治階級底政治，對統治階級底政治採取敵視的態度，以訓練工人階級。否則，工人階級將依然爲統治階級所玩弄；法國九月革命，就證明此點，格蘭斯頓一派在英國到現在還在玩弄得很成功的把戲在一定程度內也證明了此點＊。

＊　關於法國一八七〇年九月四日的革命，參閱『法蘭西內戰』。馬克思所說的『格蘭斯頓底把戲』，是指格蘭斯頓所領導的資產階級黨與自由黨員對於工會領袖之影響。　　　——編輯部註

七 恩格斯致顧諾的信

一八七二年一月二十四日

……巴枯寧直到一八六八年一向是陰謀反對國際工人聯合會的，到了他在伯恩和平會議＊大失敗之後，他加入了國際工人聯合會，但立即又在國際工人聯合會內部陰謀反對總委員會。巴枯寧有他的獨有的理論——蒲魯東主義與共產主義底混雜物，而對於第一個的主要點是，他不把資本，因而不把由社會的發展所發生的資本家與工資勞動者之階級對立，視爲應廢除的主要弊害，而反以爲國家是主要弊害。社會民主主義工人底廣大羣衆，抱着與我們相同的見解，認爲國家政權不過是統治階級——地主與資本家——所造出的組織，以保護他們底社會的特權；巴枯寧却主張謂國家創造出資本，資本

＊ 資產階級的政治的和平聯盟，在一八六八年九月開大會於伯恩。巴枯寧參加那個大會。　　　　　——編輯部註

家只是由於國家底恩澤得到他的資本。因爲國家是主要
弊害，一定要首先把國家廢除，然後資本自己就會滅
亡。反之，我們主張說：廢除資本，卽廢除全部生產手
段之爲少數人所佔有，然後國家自己就會滅亡。這個差
別，是本質上的差別：不先有社會革命而要廢除國家，
這是胡說；資本底廢除，其本身就是社會革命，並包含
着生產方法全部之變更。可是因爲巴枯寧以爲國家是主
要弊害，凡能維持任何國家（不論是共和國，君主國，
或其他）底存在的行爲，都不應作。所以，完全逃避一
切的政治。幹政治的行動，尤其是參加選舉，那就是背
叛了原則。應該從事宣傳，咒罵國家，進行組織，當所
有的工人都信從時，這卽是說，已取得大多數時，就罷
免一切官吏，廢除國家，而以國際工人聯合會底組織代
替之。這個偉大的行動 —— 千年王國便是以此開始的
—— 稱爲社會的淸算。

　　這一切，似乎是極急進的，而且是簡單到五分鐘就
能記熟；所以這種巴枯寧學說在西班牙與意大利的靑年
律師、醫生與別的理論家之中，很快地受到歡迎。但
是，工人羣衆決不會相信他們自己國內的公共事務，並
不就是他們自己的事務；他們在本性上就是政治的，誰
要欺瞞他們說他們應該放棄政治，結局他們會使他停止
的。宣傳叫工人不論在什麼情況之下都不可參加政治，

爲無產階級政黨而鬥爭的書信

就是驅工人入於僧侶或資產階級共和主義者之手。

因爲據巴枯寧底意見，國際工人聯合會並不是爲政治鬥爭而建立的，爲要使它在社會的清算實現之後，就可立卽以它代替舊有的國家組織，這樣它就必須盡可能地接近於巴枯寧底未來社會的理想。在這個未來社會中，最重要的，就是沒有『權力』，因爲權力等於國家，等於絕對禍害。（怎樣經營一個工廠，怎樣管理一條鐵路，或者怎樣開駛一隻船，如果沒有一個最後的決定的意志，沒有一個統一的指導，他們自然是沒有告訴我們的）多數者對於少數者的權力也應停止的。每一個人，每一個市鎮，都是自治的。但是，一個社會，就使是只由二個人組成的，如果各人都不放棄他底自治權底一小部分，怎樣可能組成社會呢？巴枯寧對這個問題，又是默無一言。國際工人聯合會也一定要依照這個模型修改：每一支部，支部中的每一個人，都是自治的。該死的巴塞爾決議案 ＊，它把有害的甚至使其墮落的權力，給予總委員會。卽使這種權力是自由讓與的，也必須停止，因爲它是權力。

你在這兒便簡短地看到了欺騙者底主要點。……

＊ 恩格斯所指的，是國際工人聯合會巴塞爾大會（一八六九年九月）底決議，這些決議擴大了總委員會底權限。巴枯寧主義者進行一個猛烈的運動，要把這些決議取消。　　　——編輯部註

八　恩格斯致倍倍爾的信

一八七三年六月二十日於倫敦

　　……不要被『團結』的叫喊迷惑住。那些在口頭上最常說『團結』的，就是那些最會引起分離的人，正如現在瑞士的傑拉・巴枯寧主義者（『Jura bakunisten』），一切分裂底創始者，但他們嘴裏所叫喊的再沒有比『團結』二字更多的了。這些團結狂熱者，或者是愚人，他們要把所有一切都攪在一種曖昧的粥裏，只是靜坐着，便可以重行恢復更尖銳的對立中的區別，因爲它們現在是攪在一個鍋裏（在德國那些宣傳工人與小資產階級相協調的人中便是最好的例證）——或者是有意識地或無意識地（如米爾伯格）僞造運動。因此最大的宗派主義者，與最大的吵鬧者和惡棍，在某種情形下是最響亮的叫喊團結者。在我們一生中，沒有什麽人比這些團結叫喊者給予我們更多的麻煩與詭計的。

　　每一個黨的指導自然都是期望成功；這也是極好

爲無產階級政黨而鬥爭的書信

的。但是，有些場合，我們必須有勇氣犧牲暫時的成功，以求取更重要的東西。尤其是像我們的這樣的政黨，其最後的勝利是這樣的絕對確定，在我們一生中親眼看見它有這樣巨大的發展，暫時的成功決非總是絕對必要的。例如，國際工人聯合會在巴黎公社之後有巨大的成功。嚇慌的資産階級，以爲它是全能的。極大多數的會員以爲這樣的情形會永久繼續下去。我們却深知泡沫一定要爆裂的。一切的歹人都依附它。在它內部的宗派主義者，開始繁盛起來並濫用國際工人聯合會，希望人家會容許其最愚蠢的與卑劣的行爲。我們並不容許。我們深知泡沫總有一天要爆裂的，因此，我們所努力的，並不在於使破裂延緩，而是在於使國際工人聯合會一經過了這個破裂後能夠成爲潔白無垢的。泡沫在海牙大會爆裂了，你知道，大會會員大多數懷着失望的心情回去。可是，這些幻想着在國際工人聯合會中一定可以找到普遍的友愛與協調底理想而現在已告失望的人，他們回歸本國，差不多全都從事比在海牙大會所爆發的還要更劇痛的爭吵呢！現在，宗派主義的爭吵家宣傳着協調，並詆毀我們爲量窄者和獨裁者。如果我們在海牙大會中採取調和的態度，如果我們把分裂之爆發隱飾起——會得到什麼結果呢？宗派主義者，尤其是巴枯寧主義者，就會得到一年的長時間，藉着國際工人聯合會底

馬恩通信選集

名義，幹更重大的、愚蠢的與卑汚的事；最進步的國家中的工人，就會厭惡而離去了；泡沫便不爆裂，但已被針刺傷，定然會徐徐瓦解；而下次大會還是免不了爆發危機，變成為最卑鄙的人們底醜史，因為在海牙大會中早已把原則犧牲了。那末，國際工人聯合會當然滅亡了——因『團結』而滅亡了！然而我們現在已榮譽地把腐敗分子排除出去—— 列席於上次 重要會議之 公社會員說，沒有一次公社會議如像這一次對歐洲無產階級底叛徒的裁判會議，給了他們這麼可怕的印象——我們讓他們在十個月中用他們的全部力量從事於說謊、中傷、陰謀——而他們在那裏呢？他們，國際工人聯合會底多數者底所謂代表，現在聲稱他們不敢出席下次大會（詳見與這封信一同送往『人民國家報』的一篇論文）。如果我們再作一次的話，就大體來說，是不會有什麼不同的——策略上的錯誤自然是常犯的。

不論如何，我相信：拉薩爾派中的幹練分子，經過了一個時間，自己會歸向您，所以，在果子還沒有成熟時就要摘取下來，如團結論者所想的那樣，是不聰明的。

此外，年老的黑格爾已經說過：一個政黨發生分裂，並經得起分裂——這保證它是一個勝利的政黨。無產階級底運動，必然要經過種種的發展階段；在每一個階段都有一部分人落後，不再跟着前進。……

九　恩格斯致左爾格的信

一八七四年九月十二日於倫敦

……跟着您的辭職，舊的國際就完全結束了。這是好的。它是屬於第二帝國（Zweiten Kaiserreichs）底時代＊，當時，風靡全歐洲的壓迫，使剛剛再甦生的工人運動不得不保持統一，並抑止一切內部的論爭。那正是無產階級底共同的世界主義的利益能夠顯示出來的時機。德國、西班牙、意大利、丹麥，已加入運動中或正在加入。運動底理論的性質，在全歐洲，即在羣衆中間，於一八六四年時，實在還是極不明確的。德國共產主義還沒有成爲一個工人政黨；蒲魯東主義還太微弱，沒有能力誇示其特有的幻想；巴枯寧底新雜貨，在他自己的頭腦中也還未有存在；連英國工會底首領們，也以

＊　第二帝國，是一八五二——七〇年，拿破崙第三（路易·溼拿泊）當法國皇帝的時候。　　　　——編輯部註

— 37 —

馬恩通信選集

爲在『規約』底『詮議書』中所述的綱領之基礎上能夠
加入運動的＊。第一次的偉大成功破壞了各派底素樸的
結合。這一次的成功，就是巴黎公社。巴黎公社在精神
上無疑地是國際工人聯合會底兒子——雖然國際工人聯
合會並沒有動一隻手指去製造它——而且對於它，國際
工人聯合會也很正當地被負起責任來。

　　當『公社』使國際在歐洲成爲一個道德的力量的時
候，爭吵就開始了。各派都要利用這個成功。不能避免
的崩壞就到來了。德國共產主義者眞實願依照廣博的舊
綱領而繼續努力，他們底勢力，一天比一天增加；對於
他們勢力伸張之嫉妬，使比利時的蒲魯東主義者投入巴
枯寧主義的冒險者底懷抱。海牙會議，就確實到了終末
——對兩派都是個終末。只在一個國家，還能用國際工
人聯合會底名義來幹點事：這就是美國。可幸的本能把
指導部轉到美國去。現在，它底威望，在美國也已喪失
了。要使它再有新生命的任何企圖，都是愚蠢的，白費
氣力的。國際工人聯合會支配着歐洲——十年間歷史之
一方面——未來所在的那一方面；是可以自豪地回顧其
事業的。但是，在其舊形式中，它是已經過時了。要產

＊　關於『詮議書』，請參看第一國際底『創立宣言』。

　　　　　　　　　　　　　　　　　　　　——編輯部註

为无产阶级政党而斗争的书信

生出一個新的國際，像舊國際一樣，為各國所有無產階級政黨底同盟，會是工人運動底一種普遍的失敗，如像一八四九至六四年那時的情形一樣。可是，無產階級的世界現在已經太大、太廣了。我相信，下一個國際——在馬克思底著作已有好幾年影響之後——將直接是共產主義的，並將直接提出我們的原則。……

十　馬克思致左爾格的信

一八七七年十月十九日於倫敦

……在德國，我們底黨有一種腐敗的精神流行着；羣衆之間，還沒有像在領導者（上級的與『工人』）之間那麼盛行。

　　與拉薩爾派的妥協＊，也引起了與其他不澈底分子的妥協。在柏林（經過莫斯特）與杜林及其『崇拜者們』妥協。此外也與一羣半熟的大學生和超等聰明的博士們妥協；——他們要給社會主義一個『更高的理想的』轉變，這卽是說，要以近代的神話及其正義、自由、平等和博愛等女神來代替它底物質的基礎（如果是要使用它，就必須認眞地從事客觀的研究）。霍希伯格博士

———————————————

　　＊　這是指愛森那哈派與拉薩爾派在一八七五年哥達統一大會中所成立的妥協。詳見『哥達綱領批判』一書中『馬克思致勃拉克的信』。

——編輯部註

為無產階級政黨而鬥爭的書信

——他出版着『未來』這份雜誌——就是這一個傾向底代表者，他已把自己『買入』黨了——我假定他是具着『最高貴的』存心，但我對於『存心』是視爲不值一文的。如像他底『未來』底綱領的可憐的東西用它的更多『謙遜的自負』是很少看到光明的。

工人自己，當他們像莫斯特這一夥人一樣放棄了工作而成爲職業的文人時，他們就時常散佈理論的害毒，而且他們時常依附於那些從所謂『博學的』等級來的思想錯亂的人物。我們數十年來費了許多工作和努力從德國工人底頭腦中肅清了的東西，使德國工人在理論上（因而在實踐上），優越於法國和英國工人的東西——未來社會建設之幻想的空想社會主義——却又流行起來，不但與法國和英國的偉大的空想家來比，而且與魏特林來比，是採取着一種更空虛的形態。很自然的，在未有『唯物的批判的社會主義』的時期，『唯物的批判的社會主義』底萌芽是包含於空想主義裏面，現在既有了『唯物的批判的社會主義』，空想主義重來，它就只能是更愚蠢的；是愚蠢的，陳腐的，根本上反動的。……

— 41 —

十一　恩格斯致柏克爾的信

一八七九年七月一日

……在議會中，李卜克內西底不合時的溫和，很瞭然地在拉丁歐洲生出了一極不愉快的影響，而在德國人之間，也到處感到不愉快＊。我們立即就在信札中這樣說出了。舊時的柔和的低聲鼓動會被監禁六個星期至六個月，這在德國已永遠告終了。不論現在的狀態是如何終結，新的運動是在一個或多或少的革命的基礎之上開

＊　恩格斯是指着一八七九年三月十七日李卜克內西在德國國會中的演講。李卜克內西在這演說中有一段說：

『……我們的黨是一個改良（照『改良』這名辭底最嚴格的意義來說）底黨，而不是作暴力革命的黨；以暴力的革命爲目標，那完全是胡說。…… 我決然否認我們的努力是「準對着」推翻「現在的國家與社會制度」。』（見『德國國會會議報告』，柏林，一八七九年，『北德一般新聞』書店出版，第四四一頁）

　　　　　　　　　　　　　　　　　　——編輯部註

始的，所以，必然有一個比既往的第一個運動時期要堅決得多的性質。『和平完成目的』這句話，或者是不再用得着，或者是要用得更認眞。當俾斯麥使這句話成爲不可能而把運動擲入革命的方向時，他對於我們有非常巨大的貢獻，不只是足以抵消那由於抑止我們的鼓動所生的些微的害處。

另一方面，這種在國會中的溫和態度，結果使那些善於玩弄革命言辭的英雄們又開始趾高氣揚，並企圖以小組織與陰謀使黨解體。這些陰謀底中心，就是此地的『工人協會』＊。

＊　在一八七九年，倫敦工人教育協會落入莫斯特底『左傾』機會主義策略底擁護者之手。後來，莫斯特及其信徒都墮落到採取公開的無政府主義的立場。在一八八〇年被開除出德國社會民主黨之行列。

　　　　　　　　　　　　　　　　　　——編輯部註

十二　馬克思與恩格斯致倍倍爾、李卜克內西、勃拉克等的信（傳觀的信）

一八七九年九月於倫敦

……他（舒維澤）復受人非難他『拒絕資產階級的民主主義』*。資產階級的民主主義要在社會民主黨中幹什麼呢？如果它是由『誠實的人』所組織的，它就絕不願意加入，如果它是想着加入，那就只爲要爭吵。

拉薩爾黨『願在最片面的方式內作爲一個工人政黨』。寫那篇文章的先生們，他們自己也就是這樣好一

＊　在遭封信中，馬克思與恩格斯對咀立克『社會科學與社會政策年報』中的一篇論文『德國社會主義運動底回顧——批判的箴言』，給以批判的分析。遭篇文章的作者是霍希伯格，伯因斯坦與斯拉姆。馬克思與恩格斯稱他們三人爲「咀立克的三位一體」。

　　　　　　　　　　　　　　　　　——編輯部註

個在最片面的方式作爲工人政黨的那種政黨底黨員，他們現在在這個政黨中担負着重要的職位。這裏有一個絕對的矛盾：如果他們所寫的話就是他們所想的，他們就應該脫離黨，至少也要辭去他們底重要職位；如果他們不這麽做，那末，他們就承認了只是想利用他們底負責地位來與黨底無產階級的性質作鬥爭。所以，如果黨讓他們保有其職位，就是出賣了它自己。

照這些先生們底意見，社會民主黨不該成爲片面的工人政黨，而應成爲『所有充滿着眞正的人類之愛的人們』底全面的政黨。他首先應證明這個，就必須放棄它底粗野的無產階級熱情，在有敎養的博愛的資產階級指導之下，『培養優良的嗜好』與『學習美好的音調』（第八五頁）。那末一些領袖們底『流氓態度』就將變換爲十分高貴的『資產階級態度』（好像這裏所指的那些外表上的流氓態度，還不是人家能非難他們之最微小的）。然後，也就可從有敎養的與有財產的階級得到許多的信徒。但是，如果所進行的鼓動要獲得顯著的成功，就一定要先爭取這些人。

德國社會主義『太過重視爭取羣衆，因此忽略了在所謂上層社會中作有力的（！）宣傳』。因爲『黨還缺少適於在國會中充當黨的代表的人物』。可是，『把委任狀給與那些有充分時間與機會可對當前的諸問題作根本研究的人們，是合適的而且是必要的，簡單的工人與手工業者，只極少的例外，才有這樣的必要餘暇』。所以，選舉資產階級分子！

簡單地說，工人階級自己不能解放自己。工人階級爲要解放他自己，一定要受『有敎養的與有財產的』資產階級分子所指導，因爲只有他們才有『時間與機會』可來研究什麼是對工人有利益的。

第二，工人階級決不是要對資產階級鬥爭，而是要以有力的宣傳去爭取他們。

但是，如果我們要爭取上層社會，或只是爭取上層社會中善意的分子，那末，我們就決不可驚嚇他們。咀立克的三位先生以爲他們已有這個最穩的發見：

『正在現在，處於「社會主義者法令」底壓迫之下，黨表明它並不願意從事暴力的流血的革命底道路，而是決心採用合法的道路，卽改良底道路。』

所以，如果五十萬至六十萬的社會民主黨底選舉者——佔選舉者總數十分之一至八分之一，散處於全國各地——是有理性的，不會用頭去碰壁，也不企圖發動一個以一對十的『流血革命』，這就證明他們也永久不許他們自己利用外界的巨大事變，不許利用由此而起的突發的革命高潮，或甚至不許利用在革命高潮所生的衝

爲無產階級政黨而鬥爭的書信

突中的人民之勝利。倘若是柏林還這麼下流，又來一次三月十八 *，那麼社會民主黨不應成爲『熱狂於障礙物戰鬥的流氓』參加鬥爭（第八八頁），而必須『走上合法底道路』，採取和平的行動，淸除障礙物，必要時偕同光榮的軍隊一同進攻那些片面的、粗魯的和下流的民衆。如果這些先生們固持說他們的意思不是這樣，那末，他們的意思是什麼呢？

還有更好的呢。

『黨在對於現制度的批判與改革現制度的建議中表現的越鎭靜、客觀和周審，那末，現在（在社會主義者法令實施之時）已獲了成功的那着棋——有意識的反動以赤色魔影底恐怖把資產階級驅至山羊角裏的那着棋——是更少能再重複的。』

爲要把資產階級的憂懼底最後痕跡掃除，就一定要明瞭而又有力地對他們證明赤色魔影實在只是一個魔影而並不存在的。但是，如果赤色魔影不是資產階級對於他與無產階級間不能避免的生死鬥爭之恐怖，對於近代階級鬥爭底不能避免的結局之恐怖，那末，赤色魔影底祕密究竟是什麼呢？取消了階級鬥爭，資產階級與『所

---

* 這是指一八四八年三月十八至十九日柏林的革命的障礙物戰鬥。
　　　　　　　　　　　　　　　　　　——編輯部註

—— 47 ——

馬 恩 通 信 選 集

有的獨立的人們』就『不怕與無產階級攜手前進』。被
欺騙的恰恰就是無產階級。

　　所以，讓黨以其謙卑的可憐態度來證明它永久放棄
了那種惹起社會主義者法令的『不當行為與暴行』。
黨如果自動答應只在社會主義者法令之範圍內活動，那
末，俾斯麥與資產階級就一定會有把這多餘的法律廢去
的好意呵！

　　『要了解我們』；我們並不想要『取消我們的黨和
我們的綱領，但我們以為：在我們能考慮到實現更遠大
的任務之前，必先完成一定的最近的目標，那末，在今
後的許多年間，我們如果集中全部力量以完成一定的最
近的目標，就已夠我們幹了』。於是，資產階級，小資
產階級，與工人，『現在被我們的遠大的要求所嚇跑
的，就將成羣加入我們了』。

　　綱領並非取消，而只是延緩——延緩到無限期。接
受那個綱領，並不是真正自己接受，並不是對於它自己
的一生，而是把它當做一件遺產，遺傳給兒孫輩。在目
前用我們全部精力從事各種微細的事情，補綴資本主義
的社會制度，使它在表面上好像是有些變動，但又並沒
有把資產階級嚇倒。因此，我稱讚共產主義者米葵爾，
他這樣來證明他堅決相信在數百年之後資本主義底不能
避免的崩潰，他盡心進行欺詐，說他盡力促進了一八七

為無產階級政黨而鬥爭的書信

三年底大恐慌 * ，因而確實是做了一些工作以促進現存
社會制度之崩潰。

　　另一件違反了美好音調之事 ， 是『過度攻擊發起
者』，這些發起者『只是時代底兒女』啊；『對於斯特
勞茲堡 ** 與這一類人物之侮辱………所以 ， 最好是免
去』。惜乎一切人們只是『時代底兒女』，如果這是一
個充分的寬恕理由，那末，就不許再攻擊任何人，我們
底一切的論爭，一切的鬥爭，都應停止；我們安然地聽
任敵人底蹴踢，因為我們賢者知道這些敵人是『時代底
兒女』，行為不能不如此。我們不能連本帶利地報復他
們的蹴踢，而反而是應可憐這些不幸的人們。

　　同樣，黨之贊助巴黎公社是有害處的，把『那些不
然便可以對我們同情的人衝回去了，而且，一般地增加
了資產階級對我們的憎惡』。還有，『對於「十月法令」
*** 之頒佈，黨是不能完全無咎的，因為黨不必要地增
加了資產階級底憎惡』。

————————

　　* 一八七三年底大恐慌，終結了所謂『企業狂』（Grundertau-
mel）——在德國統一（一八七一年）之後的狂烈的投機與證券交易所
的賭博之時期。　　　　　　　　　　　　　　　　——編輯部註

　　** 斯特勞茲堡（一八二三——八四年）。德國金融家，是一八七
一至七三年的『企業狂』之最著名的參加者之一。

　　　　　　　　　　　　　　　　　　　　　　　——編輯部註

馬恩通信選集

這就是咀立克三個檢查員的綱領。他們底綱領是再明顯也沒有了。至少是對於我們，因爲我們從一八四八年以來，對於這一類的辭句都極熟悉，他們是小資產階級底代表，他們十分恐懼地聲明無產階級因受其革命地位的迫使而『趨於過激』。他們所主張的，不是堅決的政治的反對，而是一般的和解；不是對政府與資產階級作鬥爭，而是企圖爭取與說服他們；不是對上層的虐待加以大胆的反抗，而是卑鄙的服從與讓步，並承認懲罰是應得的。一切在歷史上是必然的衝突，都被重行說明作誤解，而一切的討論，都以『我們究竟在主要點上意見都是一致的』這斷語作結束。一八四八年作爲資產階級民主主義者而出台的人們，現在也可以自稱爲社會民主主義者。一如民主共和國對於那些人一樣，資本主義制度之沒落對於這些人也是很遙遠的，所以，在現代政治實踐上是絕對沒有意義的；我們可以恣意地調停、妥協和博愛。無產階級與資產階級間的階級鬥爭也是如此。在紙上承認階級鬥爭，因爲是無法否認它的，但在實際上却掩飾它，冲淡它，減弱它。

*** 對付社會主義者的『非常法令』於一八七八年十月十九日發生效力。它禁止了社會民主黨。黨因而被迫從事秘密的活動。『非常法令』到一八九〇年才取消。　　　　　　——編輯部註

為無產階級政黨而鬥爭的書信

社會民主黨不應是工人政黨，不應以資產階級底憎惡或任何別人底憎惡來重壓自己；它主要應該在資產階級中作有力的宣傳；與其着重於究竟非我們這一代人所能完成而只是把資產階級嚇怕的遠大目標，就不如用全部精力從事那些小資產階級的補綴的改良，以新支柱給予舊社會制度，因而把最後的崩潰轉化為徐緩的、逐漸的、盡可能和平的解體過程。這些人也就是那些在忙於活動的假裝下不但自己不幹什麼事情，而且阻止凡是除了空談外要作任何事情的人們；也就是那些怕懼一八四八至一八四九年底每一行動，阻礙了運動之每一步，最後使之失敗的人；也就是那些看到了反動，而很吃驚地發覺他們自己最終跑入於既不能抵抗又不能逃走的絕路的人；也就是那些要把歷史局限於他們的狹隘的小資產階級的視界之內——但歷史却超過他們而每次都走上日程——的人。

至於他們底社會主義的內容，這在『共產黨宣言』論『德國的或真實的社會主義』這一章中已批判得很充分。既視階級鬥爭為討厭的『粗野的』現象，而把它抹在一旁，那末，作為社會主義基礎的，就只有『真正的人類愛』與關於『正義』的空洞文句了。

以前屬於統治階級的人們也要加入戰鬥的無產階級，把文化的要素貢獻給無產階級——這是一個基於發展過程中的不可避免的現象，我們在『共產黨宣言』中已說得很清楚。但這裏有兩點要注意的：

第一，爲要眞實的有益於無產階級運動，這些人物就也應該攜來眞正的文化要素，但是，德國資產階級政變者底最大多數都不是這樣。不論是『未來』或是『新社會』，都沒有貢獻什麼能使運動前進一步的。眞正的、具體的或理論的文化材料是絕對的缺乏。我們所得到的，是企圖將一些把握得很膚淺的社會主義的觀念，與他們從大學或別處所攜來的極複雜的理論的見解（由於德國哲學底殘餘現在所處的腐爛過程，每一個見解都比較前一個見解更爲紛亂）相調和起來。不是以深刻研究新科學自身爲開始，他們個個都要修剪新科學以適合他所已有的觀點，迅速地造出他自己的私人科學，而且立卽自命可以敎人了。所以，這些先生們差不多每一個人就有一個不同的見解；對於某一個問題，不會把它弄明白，而反只是使其紛亂得更厲害——幸而差不多是只限於他們自己中間。這些以敎他們從沒有學過的東西爲第一原則的文化分子，黨是大可以缺少他們的。

第二，如果這一類從別的階級來參加無產階級運動的人物，第一個要求是，他們不要攜帶資產階級的、小資產階級的等等偏見底殘餘，而是要無條件地領取無產階級的觀點。可是，這些先生們，早已就證明了，是滿

爲無產階級政黨而鬥爭的書信

腦袋裝着資產階級的與小資產階級的觀念。在像德國這
樣的一個小資產階級的國家中，這些觀念當然自有其根
據的。但只是在社會民主主義的工人政黨之外，如果這
些先生們組成爲社會民主主義的小資產階級政黨，他們
是有着完全的權利的；那時，可與他們商議，根據情況
構成聯合等等。可是，在工人政黨之內，他們是僞雜分
子。如果有暫時容忍他們於黨內的理由，那末，我們也
就有義務僅是容忍他們不讓他們影響黨的領導機關，並
時時醒悟到與他們分裂只是一個時間問題。分裂的時候
好像是已到來了。黨怎能再容忍這篇文章底作者於其隊
伍中，是我們所不能理解的。但是，如果黨的領導是
或多或少地落於這些人之手，那末，黨就將簡直是被閹
割，無產階級的鋒銳性也就將消失了。

　　我們呢？鑑於我們底全部過去，面前只有一條路可
走。差不多在四十年來，我們着重指出階級鬥爭爲歷史
底直接的原動力，特別是資產階級與無產階級間的階級
鬥爭爲現代社會革命底巨大槓桿；所以，我們對於那些
要把這階級鬥爭從運動中除去的人，是不可能合作的。
當國際工人聯合會創立的時候，我們明白定出戰鬥口
號：工人階級底解放應該是工人階級自己的事業。有些
人公然說出工人大沒有教育，不能解放他們自己，一定
要先由博愛主義的資產者與小資產者從上而下地解放出

馬 恩 通 信 選 集

來；我們對於這些人是不能與他們合作的。如果黨底新機關報採取了適合於這些先生們底見解的態度，是資產階級的，而不是無產階級的，那末，我們雖很抱歉，但也只好公開宣佈反對它，並解除我們一向在國外代表德國黨的這種連帶關係。但我們希望事態不會弄到那樣的地步。……

十三　恩格斯致倍倍爾的信*

一八七九年十一月十四日於倫敦

……在第三部分內包含着對德國的庸人之不愉快的讓步。爲什麼要關於『內戰』之完全多餘的一段呢？爲什麼要在『輿論』（德國的輿論總是啤酒庸人底輿論）之前脫帽呢？爲什麼在這裏把運動底階級性質完全抹殺呢？爲什麼使無政府主義者這樣快樂呢？而且，這一切的讓步是全然無用的。德國的庸人是聯合的懦夫，他只尊敬那些使他恐怖的人。可是，誰去諂媚他，就被視爲與他同等，就不把當做一個同等者來尊敬，這卽是說，完全不尊敬。現在，稱爲輿論的啤酒庸人底憤慨之狂風暴雨，——旣已平息，現在租稅底壓迫已使人民不論在

---

* 恩格斯在這封信中，批判社會民主黨國會黨團底報告（發表於一八七九年十一月）。在那個報告中，包含有若干很明顯的機會主義的辭句。　　　　　　　——編輯部註

馬恩通信選集

什麼 場合都 很疲憊，爲什麼現在 還要說這些阿諛的 話呢？如果你知道，這在外國產生什麼樣的印象呵！黨底機關報，由黨中和鬥爭中的人們來編輯，是很好的。但你只要在外國六個月，你對於黨員在國會中對庸人的全然不必要的謙卑，就會有極不同的見解。在公社之後，襲擊着法國社會主義者的狂風暴雨，與德國諾比林的悲鳴＊是完全不同的。法國的社會主義者底舉止是何等的自負與自覺呵！你能在什麼地方找到對敵人的這樣的頓弱與恭維嗎？當他們不能自由發言時，他們就沉默。他們讓小資產階級者咆哮；他們知道他們底時代是會再來的，現在這樣的時代是到來了。……

……此外我還想提及奧葉爾的僞造，我們在這裏旣沒有過低估計德國的黨所要克服的困難，也沒有過低估計已經獲得的成功底意義以及黨底羣衆迄今完全模範的態度。用不着說，在德國的每一次獲得勝利，我們都很高興，如同別處獲得勝利時一樣，甚至是更爲高興，因爲德國的黨自始就在我們底理論主張之基礎上發展的。但是，正因爲這個緣故，我們特別關心着德國黨底實際

＊ 一八七九年六月，諾比林在他的精神不健全時，企圖行刺威廉第一。政府以此事件爲藉口，頒佈『社會主義鎮壓法』。

——編輯部註

為無產階級政黨而鬥爭的薈萃

態度，尤其是黨指導部底公開發表的意見須與一般的理論相符合。我們的批判，自然對於某些人是不愉快的。可是，黨有一些人住於外國，他們不為紛亂的當地關係與鬥爭的細節所影響，他們時時用對於一切適用於近代無產階級運動的理論原則，來量度事件與言論，他們又反映黨底行動在外國所產生的印象；這對於黨與黨底指導部，必定比一切的無批判的阿諛之辭更有益處。

十四　恩格斯致伯因斯坦的信

一八八一年十月二十五日於倫敦

　　……但蓋斯德確是在爲法國工黨起草綱領草案到這裏來的。在我的屋子裏，馬克思當着拉法格與我之面前，把綱領理由書口授給他，由他筆記下來：工人只有當他成爲他底勞動工具底所有者時才是自由的；——這個可以探取個人的形態或集體的形態。個人的所有形態，因經濟的發展而被克服，而且一天比一天被克服得更完全——所以，留下來的，只是集體的所有形態，等等——這是確切的，只用幾個字就能給羣衆說清楚的論證底傑作，這我是很罕見的，而且這種簡潔的表現法連我也爲之驚服。然後討論綱領其餘的內容。我們加進了一些東西，又删去了一些。但從下面這一事實，就可看出蓋斯德並不是馬克思底代言人；他堅持要把他底『最低限度工資』底愚論，包括入綱領的裏面；因爲負綱領責任的不是我們，而是法國人，我們最後順他的意，雖然他承認『最低限度工資』在理論上是沒有意思的。

　　後來，法國人討論這個綱領，修改了幾個地方——其中馬龍所提出的，決不是改善——就通過了。……

　　但是，最使這些卑劣的吹毛求疵家（他們本來是一無所能的却偏裝成無所不能）發怒的，就是：馬克思由於他底理論上與實踐上的成就，獲得了這樣的地位，卽，各國的所有勞動運動底最優秀人物，對他完全信賴。在緊急關頭都來向他請敎，而且通常都覺得他底意見是最好的。在德國、法國、俄國，他都有這樣的地位；更不用說在其他的小國了。所以，並不是馬克思把他底意見强人容納，更談不到强人聽從他底意志，而是別人自己去向他求敎。正因爲這個緣故，馬克思對於運動有極重要的特殊的影響。

　　馬龍也要來這裏，但他要由拉法格那裏得到馬克思的特別邀請才來；這個特別邀請，他自然是得不到的。準備着與他如像與任何其他人一樣，善意地討論，可是邀請爲着什麼呢？誰受過這樣的邀請呢？

　　馬克思以及我對於其他的國家的運動之關係，是與他對法國人之關係一樣。在我們繼續不斷與這些運動保持關係，如果是值得這樣幹，而且是有這樣的機會的話。但是違反着他們的意志而去影響他們的任何企圖只是有害於我們，並毀滅了自國際工人聯合會時代以來的

馬 恩 通 儅 選 集

舊有的信用。這我們在 革命事業中 已有了許多的經驗了。

十五 恩格斯致伯因斯坦的信

一八八一年十一月三十日於倫敦

如果有任何外界的事件，幫助馬克思再恢復幾分的健康，那就是選舉了＊。無產階級從沒有行動得這麼好。於英國，在一八四八年的大失敗＊＊之後，就陷於冷淡狀態，最後，除了工會爭取較高工資的個別鬥爭之外，工人階級是屈伏於資產階級的榨取中。在法國，十二月二號以後，無產階級就不再見於舞台了＊＊＊。在德國，經過了三年的空前的迫害，從不鬆弛的壓迫，完全不能有公開的組織，甚至連調節也不可能；現在我們的

　＊　一八八一年秋天，社會民主黨在國會選舉中獲得了三十一萬二千票，十二個議席。　　　　　　　　　——編輯部註

　＊＊　恩格斯是指英國憲章運動失敗與衰微。

　　　　　　　　　　　　　　　　　　　　——編輯部註

　＊＊＊　在一八五一年十二月二日（路易拿破崙底政變），參看「拿破崙第三政變記」。　　　　　　——編輯部註

青年們不單有往年的力量，而是比從前更強有力。而且正是在最重要的一方面是比前加強了，卽，運動底重心從撒克遜底半農村的地域移到大工業都市來。

在撒克遜，我黨底羣衆大部分是手織工人，蒸氣織機使他們避免不了沒落，他們只靠『飢餓工資』與副業（種菜，雕刻玩具等）挨過窮苦的生活。這些工人是處在經濟上的反動的地位，代表着一個沒落的生產階段。所以他們至少不是與大工業的工人一樣是革命的社會主義底天生的代表者。他們並不因此而本質上是反動者（例如，這裏的殘存的手織工人最後變成『保守的工人』底結晶的核心），但他們終是不確定的，特別是因爲他們底極度貧困的狀態，使得他們的反抗力比都市人要弱得多，而且因爲他們的分散使得他們比都市的人更易於被奴役。根據着『社會民主黨』所發表的那些事實，這些可憐的人們，這樣多次地英勇掙扎着，事實上這種英勇是可驚佩的。

可是，他們不是一個偉大的國家範圍的運動底眞正核心。在某些情況之下——如從一八六五到一八七〇年——他們底貧困使他們比大都市的人能迅速地接受社會民主主義的見解，但貧困也使他們更不安定……

現在，整個的形勢是不同了。柏林、漢堡、布勒斯勞、萊比錫、德勒斯登、曼斯、歐芬巴賀、布勒門、愛

為無產階級政黨而鬥爭的書信

貝菲爾、索林根、紐倫堡、邁河畔的伏蘭克府、喀姆尼茨旁的汗腦與挨斯格堡底各地，有着一個完全不同的基礎。『依他們底經濟狀態是革命的階級，成為運動的核心。此外，運動已同等地擴張到德國所有的工業各部分中，從限於二三個地方中心的運動，現在漸漸成為一國範圍的運動。這是最使資產階級害怕的。』

十六　恩格斯致倍倍爾的信

一八八二年十月二十八日於倫敦

……在法國，期待了好久的分裂，是發生了＊。蓋斯德及拉法格與馬龍和勃勞斯之原來的合作在黨底創立時是不可免的，但馬克思和我從沒有幻想這種聯合能夠維持永久的。所爭之點，純粹是原則的：鬥爭是作爲反對資產階級之無產階級底階級鬥爭而進行呢？還是機會主義地（或者，翻譯成爲社會主義的言辭，稱它爲可能派）把運動底階級性質以及綱領在那些能獲得更多的票數更多的信徒的地方都拋棄呢？馬龍和勃勞斯宣稱他們

＊　法國工黨之分裂，是爆發於一八八二年九月二十五日聖愛丁納大會(Kongress in St. Etieune)。黨底委員會在其向大會報告中，提議把馬克思主義者開除出黨。大會底少數派——蓋斯德與拉法格所領導的三十二位代表——退出了大會。大會底多數派偏袒着機會主義者。蓋斯德派在魯安(Rouen)召集自己的大會（一八八二年九月二十七日）。

　　　　　　　　　　　　　　　　　　——編輯部註

為無產階級政黨而鬥爭的書信

贊成後者，把運動底無產階級的階級性質犧牲了，使分裂不可避免。這樣也好。不論在什麼地方，無產階級底發展都是在內部鬥爭中前進的。法國，現在才第一次組織工人政黨，當然不會例外。我們，在德國，已越過了內部鬥爭底第一階段，別的階段還在我們的面前，在可能統一的時候，統一是極好的，但還有比『統一』更高貴的東西。像馬克思和我自己一樣的人，畢生與所謂的社會主義者作鬥爭，比反對任何別人，還要猛烈（因為我們把資產階級只當做一個階級，很少與個別的資產者鬥爭），對於不可避免的鬥爭之爆發，決不會感到很悲哀的。……

十七　恩格斯致柏克爾的信

一八八五年六月十五日於倫敦

　　……在像德國這樣的小資產階級的國家中，黨也定然有一個小資產階級的『受過敎育的』右派，在緊急關頭就把他們趕出了。小資產階級的社會主義肇始於一八四四年，在『共產黨宣言』中就已批判過它了。小資產階級的社會主義，是與小資產階級自身，同樣不死的。『社會主義者法令』存在一天，我就一天不贊成我們挑起分裂，因爲我們底武器並不是同等的。但是，如果這些先生們要把黨的無產階級的性質抑壓下去，企圖代之以沒有力量或沒有生命的、粗野的、美學的、感情的博愛主義，因此而挑起分裂，那末，我們也就只好聽任其分裂了。……

馬克思恩格斯
關於唯物史觀的書信

——艾思奇譯——

一 馬克思給安能科夫的信

一八四八年十二月二十八日於布魯塞爾

……什麼是社會，它的形式又是怎樣的？是人類的相互行動的產物。人類可以自由地選擇他們的社會形式嗎？不能。把人類生產力發展的一定狀態拿來一看，你就可以找到一種相應的交易和消費的形式。在生產、交易、消費的一定發展階段上，你又可以找到一種相應的社會制度的形式，找到一定的家族組織、階級狀況，一句話，找到一種相應的市民社會。在這樣的市民社會上，你又可以找到一種相應的政治狀態，這政治狀態僅只是市民社會的公務上的表現。這一切，都是蒲魯東先生不會了解的，因爲他相信，只要把國家歸結到社會，也就是把社會的公務上的要約歸結到公務的社會，就算是做得很夠了。

還要再說一點，人類對於他們的生產力——他們的全部歷史的基礎——並不是自由的主人，因爲，任何生

— 69 —

馬　恩　通　信　選　集

產力都是獲得的力量，都是從前的活動的產物。固然，
生產力是人類的實踐能力的成果，但這能力本身却要依
據於人類所處的境況，人類存身在這境況裏，是靠着以
前已經獲得的生產力和當前已經存在（不是他們所創
造，而是以前時代的產物）的社會形式。任何後來的時
代都是靠着先前時代所獲得的生產力（它對於前者是新
的生產的原料）而存在的，這一個簡單的事實，就在人
類歷史中間構成了一種關聯，構成了一種人類的歷史，
這歷史，愈是因爲把握到了人類的生產力的生長，也卽
是人類的社會關係的生長，也就愈成其爲人類的歷史。
必然的結論是：人類的社會史，常常是他們個人發展的
歷史，不管他們自己對於這點是否能意識得到，都是一
樣的。他們的物質關係構成了他們的一切關係的基礎。
這物質的關係，只是他們的物質的、個人的活動藉以實
現的必然的形式。

蒲魯東先生把觀念和事實混淆了。人類決不放棄他
們所獲得的東西，但這並不是說，他們也不放棄那他們
藉以獲得某些生產力的社會形式。完全相反，爲要使努
力所得的成果沒有損失，爲着不要失去了文化的果實，
人類在他們的交易的方法不能再和旣獲得的生產力相適
應的一瞬間，就不能不改變他們的傳統的社會形式——
我這裏所說的『交易』（Handel）是指最廣義的用法，

馬克思恩格斯關於唯物史觀的書信

就等於德文裏的『往來』（Verkehr）的意思。舉例來
說，譬如特權、行會和公會的組織、中世紀的法規等，
都是社會關係，它們和旣獲得的生產力，和從來的社會
狀態（那些制度就是從這裏面產生的）等，都是相適應
的。在這些社團和法規的庇護之下，資本就積蓄起來，
海上交易發展了，殖民地也建立起來──到這時，人類
如果還要想保守着那些形式，保守着這些果實在其庇護
之下成熟起來的那些形式，那他們就會連這些果實也要
失去了。於是就有了兩次的暴變，卽一六四〇和一六八
八年的兩次革命。一切舊的經濟形式，一切和它相適應
的社會關係，以及政治的狀態（它是舊的市民社會的公
務上的表現）等，在英國都被打碎了。這樣，人類實行
生產、消費、交換等所依據的經濟形式，都是過渡的、
歷史的。人類用新獲得的生產力來改變他們的生產方
式，又用這生產方式來改變一切的經濟關係，這生產關
係，只是這一定的生產方式上的必要的關係。

　　……蒲魯東先生對於人類製造布、麻和絲織物的
事，有很好的理解；他能夠了解到這麼簡單的一件事
情，在他是一個大的功勞！蒲魯東先生所不了解的是，
人類也能有足夠的力量來生產社會關係，他們就是在這
關係裏製造布和麻。蒲魯東更理解不到的是，這能夠生
產社會關係（就像他們實行物質生產一樣）的人類，也

馬恩通信選集

能夠創造出觀念、範疇，也就是創造出這同一社會關係的觀念上的抽象的表現。因此，範疇也和它所表現的關係同樣，不是永久的，它們也是歷史的過渡的產物。在蒲魯東就完全相反，抽象物和範疇卻成了基始的原因。照他的意思，創造歷史的就是它們，而不是人類。抽象物、範疇，只就它本身來看時，也就是，把它從人類和人類的物質行動分離開來看時，自然是不死的、不更改的、不變易的，它只是一種純粹理性的存在，也就是說，抽象物就它本身來看時，就是抽象的。可驚的同語反復！

於是，在範疇的形式上所看到的經濟關係，對於蒲魯東先生也成了永久的形式，它既沒有起源，也沒有發展。

讓我們從另一方面來看：蒲魯東先生並沒有直接主張，說資產階級的生活在他看來是永久的真實。但他是間接地這樣主張了，因為他把那在思想的形式上來表現資產階級關係的範疇神化起來。當資產階級社會的生產在範疇的形式上、在思想的形式上呈現到他前面來時，他就把它當作獨立進行着的、生來就形成了的、永久的東西。因此，他不能超過資產階級的水平線。因為他是運用着資產階級的思想來工作，並把它們預想作永久真實的東西，他就去尋求這些思想的綜合，尋求它們的平

衡，而不知道，它們藉以達到平衡的目前的方法和方式
是唯一可能的方法和方式。

　　事實上，一切良善的資產者們所做的，他都做了。
他們都告訴你們，競爭、專賣等等，在原則上（也就
是，作爲抽象的思想來看時），是生活的唯一基礎，但
在實際上，他們却還有着許多其他的願望。他們都希望
競爭不要有着競爭的悲慘的結果。他們都希望着這不可
能的事：卽希望資產階級的生活關係，不要有着這些關
係的必然的結果，他們都不了解，資產階級的生產形式
是一種歷史的、過渡的形式，完全就像封建的形式一
樣。由於這個錯誤，就使得他們以爲資產者是一切社會
的唯一可能的基礎，因此他們就不能想像會有那樣一種
社會狀態：在裏面人類會進步到不再是資產者的。

　　因此，蒲魯東先生必然地成了敎條主義者。那使得
目前世界發生變革的歷史的運動，在他那裏已經被解消
成這樣的問題：卽怎樣去發見適當的平衡，發見兩種資
產階級思想的綜合。於是這位練達的青年就精密地發見
了隱藏着的神的思想，發見了兩種孤立的思想的統一，
其所以成爲兩種孤立的思想，僅僅是因蒲魯東先生使它
們從實際生活孤立起來，使它們脫離了它們所表現的現
實的聯繫，卽現代的生產的緣故。蒲魯東先生用他的頭
腦的過敏的運動，來代替那從（人類已經達到了的）生

產力和（不能再與這生產力相適應了的）社會關係的衝
突中發生起來的偉大的歷史運動，來代替那在一國的許
多階級和許多國家中間準備着的可怕的戰爭，來代替那
唯一能解決這些糾葛的實際的、强力的、羣衆的行動，
來代替這一廣泛的、長期的而又複雜的運動，這樣一
來，只要有那樣的學者，那樣的人類，他能夠知道神的
內心的思想時，他就能創造歷史，小人物們僅僅是承受
他們的啓示而已。這樣你就可以了解，爲什麼蒲魯東先
生會成爲一切政治運動的公開的敵人。當前的問題的解
決，在他看來，並不是要靠公開的行動，而是要靠他的
頭腦的辯證法的旋轉。在他看來，範疇就是推動力，人
們用不着靠改變實際生活來改變範疇。完全相反，人類
要先改變範疇，然後現實生活的改變，才能作爲它的結
果而出現。

　　要想把矛盾和解的願望太迫切了，蒲魯東先生竟全
不知道要問一問，這些矛盾的基礎的本身是不是要重新
改造。他完全就像那政治的敎條主義者，他想保存國
王，保存衆議院又保存上議院，把它們看做社會生活的
組成部分，看做永久的範疇，他只不過想尋求一種新的
公式來使這些勢力得到平衡（這平衡其實在當前的運動
裏是這樣存在着的：即這些勢力之一有時成爲另一勢力
的勝利者，有時又成爲奴隸）。事實是在十八世紀就有

着很多的平庸的頭腦在努力想尋找眞正的形式來使社會
的諸階層，使貴族、國王、國會等等得到平衡，而到了
最後時，國王、國會、貴族都沒有了。這矛盾的眞正平
衡，就是一切社會關係的推倒，卽成爲一切封建的存在
及這些封建的存在中的對立之基礎的社會關係的推倒。

　　這樣，蒲魯東先生在一方面有着永久的觀念，有着
純粹理性的範疇，在另一方面又有着人類和他們的實際
生活（在他看來，這只是那範疇的應用），你在他那裏
一開始就可以找到一種關於生活和觀念，關於靈魂和肉
體的二元論──在種種的形式裏反復出現的二元論。你
可以看到，這樣的對立，只不過是由於蒲魯東先生對於
他所神化了的範疇的普通的起源和歷史的無力把握罷
了。

二　馬克思給韋得梅葉爾的信

一八五二年三月五日

　　……至於就我這方面來說，發現近代社會裏有階級的存在以及階級互相間的鬥爭等，都不能歸功於我，資產階級歷史家還比我更早就指出了這階級鬥爭的歷史的發展，資產階級經濟學家也曾做過資產階級經濟的解剖。我的新的東西，只是在於指出：(一)階級的存在，必定是和生產上的一定的歷史發展階段結合着；(二)階級鬥爭必然要走到無產階級專政；(三)這專政又僅只是揚棄一切階級而達到無階級的社會的過渡。……

三 馬克思給恩格斯的信

一八五七年九月二十五日

……軍隊的歷史，比任何事物都更明顯地顯示着我們的（關於生產力和社會關係的聯繫的）觀點的正確性。一般地，戰爭在經濟上很是重要。例如，薪俸制度，在古代，就是首先在軍隊裏充分發展起來的。同樣，在羅馬人中間，Peculim Castrense * 就是對於非族長的動產私有加以承認的最初的法律形式。行會制度對於手工業工場的公會是這樣，現在的機械的大規模的運用，也是這樣。就是金屬的特殊的價值，以及它的作為貨幣的用途，其起源（從 Grimm 的石器時代完結了以後）好像也正是依據於它的戰爭的意義。又，一部門內部的工作分工，也是最初在戰爭裏產生的。資產階級社會形式的全部歷史，都可以很適當的概括在這裏。你

---

* 兵士在軍營中所據有的財產。　　　　——編　者

馬 恩 通 信 選 集

如果有時間的話，你可以就站在這樣的觀點上，來把事情研究一下。……

四　馬克思給恩格斯的信

一八六六年七月七日

……對於我們的生產手段決定生產組織的學說，能
夠有比在殺人工業裏＊所有着的還更顯赫的確證嗎？我
想要你在這方面寫點東西（我對這方面却很少認識），
讓我用你的名字作爲附錄放進我的書裏，這一定要費你
許多的力，你考慮一下吧。倘若成功的話，那就把它放
進我詳細論述這個主題的部分的第一卷裏。你能理解我
會多麼樣的歡喜，倘若你在我的主要著作（我現在才只
做了一小部分）裏直接作爲一個幫手，而不僅只是在引
文句中出現的話！……

＊即指軍事。　　　　　　　　　　　　　——編　者

五　恩格斯給史密特的信

一八九〇年八月五日

……一般地，『唯物論的』這字，在德國，在年青
的文人們看來，只算是一個簡單的套語，無論什麼都被
人不加研究地用這套語來標記着，也就是說，只要貼上
了這一個標記，就以爲事情解決了。其實我們的歷史見
解主要地是研究的嚮導，而不是黑格爾派的構造的槓
桿。在想要獲得政治上的、法律上的、美學上的、哲學
上的等等觀點之先，必須要把這些觀點所適應、所從出
的全部歷史從新加以研究。必須要把各種各樣的社會形
成的現存條件加以探討。在這方面現在所看見的還非常
少，因爲很少有人肯認眞地這樣做。在這方面我們需要
大量的助力，它的領域是無限的大，誰只要肯認眞地去
做，就可以有很多成就，就能夠出人頭地。但現在不是
這樣，歷史唯物論的套語（其實一切都可以被人弄成套
語）對於許多青年的德國人只有這樣的用處：加速地

馬克思恩格斯關於唯物史觀的書信

把他們自己比較貧乏的歷史知識（經濟的歷史都還只睡在搖籃裏！）系統地組成起來，這樣使自己大胆的前進……。

你是實際上有了成就的，你一定能夠看出，青年作者們對於經濟、經濟的歷史、交易、工業、農業、社會形成的歷史等，能夠用力研究的人多麼稀少。對於毛列爾＊，除了名字以外還知道多少！新聞記者式的自滿似乎可以成就一切，而且看起來也好像如此。這些先生們常常以為所做的一切對於勞動者已經夠好了。倘若這些先生們知道，馬克思是怎樣常常覺得，就是他的最好的東西，對於勞動者也不會是夠好的，他是怎樣地認為，如果有人不把最好的東西供獻給勞動者，那就是一種罪惡！……

＊　毛列爾是農村『馬克制度』的研究者，恩格斯對他的著作評價得很高，而且用心地加以研究過。　　　　　　　——編　者

六　恩格斯給布洛赫的信

一八九〇年九月二十一日於倫敦

……依據唯物論的歷史見解，在歷史中間，在結局
上決定着的契機是現實生活的生產及再生產。馬克思和
我的主張都不過如此而已。倘若有人把它這樣來曲解，
說經濟的契機是唯一決定的東西，那他就會把這命題轉
變成無價值的、抽象的、不合理的套語。經濟狀況是根
底，但上層建築的各種各樣的契機——階級鬥爭的、政
治上的諸形式和它的成果——勝利的階級在戰勝之後建
立起來的憲法等——法律形式，以及這一切鬥爭在鬥爭
成員的頭腦裏的反映，如政治的、法律的、哲學的學
說、宗教的觀點和這觀點向敎條系統的進一步的發展
等，在歷史鬥爭的過程中，都有着它們的作用，而且在
許多場合還能有力地決定着它們的形式。這一切的契機
有着一種交互作用，在這裏面，經濟的運動是通過了無
限量的一切偶然性（也就是通過了這樣的事物和事件：

馬克思恩格斯關於唯物史觀的書信

它們相互間的內的關聯是那麼隔離，那麼難於指明，使得我們會把它忽視，把它看做並不存在的東西），而終於作爲必然性貫徹着。要不是這樣，那麼，把理論應用到任一歷史時期的事，就會要比簡單的一次方程式的解決還更容易了。

我們創造我們自己的歷史，但首先必須要在非常確定了的前提和條件之下。在這裏面，經濟的前提和條件是最後決定的東西。但政治的前提和條件，以及幽靈似的出現在人類頭腦中的舊傳統，也有着一種作用，雖然並不是決定的。普魯士國家也是在歷史的結局上、在經濟的原因中發生起來和發展下去的。但如果要這樣主張：說在南德意志的許多小國中，蘭登堡就是由於經濟的必然性，並不是還由於其他的契機（首先是因着普魯士的領地而與波蘭，以及因之而與國際政治關係間所發生的牽連——這在奧地利的王權的形成上也是決定的），而被決定成爲一個強國（在這裏面體現着北部和南部在經濟上、言語上以及改革以後的宗敎上的不同），那就未免迂陋了。要想把已往和現在的每一個德意志小國的存在，或高德意志（北部德意志——譯者）的語言變音（Lautverschicbung，這語言變音把德國在地理上的，由蘇台德到陶奴士的山脈所形成的障壁擴展成形式上的分裂）的起源加以經濟上的說明而不至於鬧

— 83 —

笑話，那是很困難的。

　　其次，歷史又是這樣被創造着的，即最後成果常常是從許多個別意志的鬥爭中產生出來，而每一個意志的表現如何，又是依據着許多特殊的生活條件而形成起來的。因此就有着無數互相交叉的力，有着各種力的平行四邊形的無限的叢聚，由這裏產生一種合力——即歷史的事件。這歷史的結果又可以被看做一種不自覺地不自意地作用着的總的勢力的產物。因爲每一個個別的人所願望的東西，都會被每一個另外的人所妨害，而所出現的東西，都不是人所希望的。以往的歷史就是這樣作爲一種自然的過程進行着，並且在本質上也是服從於這樣的運動法則。但是，從這一點，即個別人的意志——這意志是表現着一個人的身體體質和他的外部的、在結局上經濟的（不論他自己個人的或是全體社會的）環境在他身上所促成的願望——不能達到他所想望的東西，而只能解消在一個總體裏，一個總的結果裏，但從這一點，不能就因此結論説它（即個別人的意志——譯者）是等於零。相反地，每一個人的意志對於總的結果都有貢獻，而且也就是這樣被包含在它裏面的。

　　我還想要求你：要從原著裏去研究這學説而不要向複述者學習。實際上這樣做還更容易得多。馬克思從沒有寫過一種不包含這個理論的東西。特別像『拿破崙第三政變記』，就是這理論的應用上的一個非常輝煌的例子。同樣在『資本論』裏也有許多指示。我還可以請你參看我的著作：『反杜林論』和『費爾巴哈與德國古典哲學的總結』，我在這裏對於歷史的唯物論，凡是我所知道的，都給與了最詳細的說明。

　　青年們所以常常會把經濟方面過分地着重了的原因，在馬克思和我也要負一部分的責任。當時我們在論敵前面，必須要強調那被他們所攻擊着的主要原則，於是就沒有更多的時間、地方和機會，來使其餘的交互作用中的諸契機獲得它應得的地位。但因為那是為着要對一個歷史階段加以說明，也就是說為着要實際的應用，那情形是不同的，而這裏就不能有什麼錯誤。遺憾的只是太常常地說有人以為，只要把主要命題抓住，而且還不一定是正確地抓住，就算是對於一種新理論完全得到了解而且充分地能夠運用了。在這方面，我不能不責備那些最新的『馬克思主義者』，許多古怪亂談都是從此產生的。……

七　恩格斯給史密特的信

一八九〇年十月二十七日

　　……事情要從分工的觀點上看，就最容易了解。社
會產生出它所不能缺少的某些共通的機能。担負這機能
的人們就形成了社會內部分工的新的分枝。他們因此也
就有着特殊的利益而不同於他們的授權者們，他們在後
者的前面獨立起來，於是——這就有了國家。這樣，情
形就像在商品交易以及稍遲的貨幣交易裏一樣：新的獨
立的權力主要地本來是依據於生產的運動的，但由於它
內部存在着的，也就是一度賦予於它而漸漸地進一步發
展起來的相對的獨立性，使得它對於生產的條件和進程
也發生了反作用。這就有着兩種不同的力的交互作用，
有着經濟的運動對於一種（向着盡可能的獨立性進展
的，既已一度出現，就也獲得了一種獨特運動的）新的
政治權力的交互作用；經濟的運動主要地是一直貫徹着
的，但它還要受到那依據於它而出現，並獲得了相對獨

立性的政治運動（一方面是國家權力，另一方面是與國家權力一同產生出來的對抗者的運動）的反作用，就像工業市場在大體上，在上面所説的保留條件之下，是反映於金融市場，同時自然也有着逆轉一樣。從來就存在着、門爭着的階級間的門爭，也反映於統治者和對抗者中間的門爭，並同樣也有着逆轉，不是直接地，而是間接地，不是作爲階級門爭而是作爲政治原理上的門爭，這樣的逆轉，使得我們要經過幾千年的時間，才能夠發現它的眞相。

國家權力對於經濟發展的反作用可以有三種：它會循着同一的方向而走上先頭，而且發展得較快；它會走上相反的方面，這種情形在今日會使每一個大民族的力量受到破壞；或者，它會把經濟發展的一定的方向切斷，而規定出另外的方向——這一種場合，結局又會還元成前面兩種場合之一。很明白的，在第二和第三兩種場合裏，政治權力對於經濟發展會給予大的損害，會造成多量的力和物的浪費。

在這兒還有一種場合，卽經濟手段的掠奪和橫蠻的毀壞，這在以前的情況之下，能夠使經濟上的一個地域和民族的發展全部毀滅。但在今日這種場合差不多只有相反的作用，至少在大的國家中間是這樣：被打擊者常常最後在經濟上、政治上、道德上比勝利者還更多地得

馬恩通信選集

到勝利。

　　就法律來說，也是一樣：當新的分工成爲必要時，就產生了職業的法律家，於是一種新的獨立的領域展開了。這領域除了對於生產和交易有着它的一般的從屬關係之外，同時對於它們又有着一種特殊的反作用的能力。在一個近代的國家裏，法律不僅只是適應於一般的經濟狀況，而作爲它的表現，並且還得是一種在自己本身有着關聯的表現，它不能因爲內在的矛盾而在表面上也顯現出不一致。爲要做到這一點，於是經濟關係的反映的眞實性就愈更愈更的被破壞了。法律的典籍愈更不能夠成功爲嚴峻的、無情的、不虛僞的、階級支配的表現時（這可以說已經就違背了『法律概念』了），那破壞也就愈更厲害。一七九二年到一七九六年的革命資產階級的純粹的澈底的法律概念，在拿破崙法典裏已經有了某些方面的僞造。而當它在法典裏面體現出來以後，因爲無產階級力量成長起來的緣故，它還要漸漸地從各方面更減弱下來。使拿破崙法典能夠成其爲法律典籍的那東西也就是在整個大陸上的一切法典編纂的基礎。因此，『法律發展』的進程本質上不外這樣的：首先企圖要解決那爲着把經濟關係間接地轉移成法律基本原則而產生的矛盾，並建立一種調和的法律體系；接着是經濟發展的影響和强制又不斷地要把這體系衝破，於是，又把它捲入新的矛盾裏（我這裏首先只就民法來説）。

經濟關係在法律原理上的反映，也必然地同樣是一種頭足倒置着的東西：它的出現不必要那處理它的人對於它有明白的意識，法律家總以爲自己是根據着先驗的原則行事，而不知道這只是經濟的反射——於是一切都頭足倒置了。而這種顛倒（它在沒有被識破的時候，就構成了我們所謂的意識形態的觀點）之能夠又從它這方面反作用於經濟基礎的事，對於我們却好像是自明的。繼承權（以相當的家族發展階段爲前提）的基礎是經濟的。但我們却很難於證明：像英國的絕對的遺囑自由，像法國對於這自由的很强的限制，是不是在一切部分都只有着經濟的原因。然而兩者都以極顯著的方式反作用於經濟，卽它們影響到了財富的分配。

至於説到那浮懸在更高的空中的意識形態的領域，如宗敎、哲學等，那末，這些東西還有着一種史前的、從歷史的時代中出現和繼承下來的儲藏，一種在今天的我們會要説它是愚想的儲藏。這各種各樣的關於自然，關於人類性質，關於精靈、魔力等等的虛僞的表象，大都是消極地有着經濟的基礎；史前時代的低度的經濟發展，把那關於自然的虛僞的表象當做了補充，有時也當作了條件甚至於原因。但是，雖然經濟的必要是前進着的自然認識的主要推動力，而且永遠也會是如此，但如果有人想給這一切原始的愚想都歸到經濟的原因，那就未免迂陋了。科學的歷史，就是這種愚想被漸漸排除的歷史，是那新的比較不大荒誕的愚想來把它代替了的歷史。在這上面工作的人們，又是屬於分工的特殊的方面，並且還自以為是開闢了一種獨立的領域。愈是讓他們在社會分工的內部形成了一種獨立的集團，那他們的產物，以及他們的誤謬，就愈是對於全社會的發展甚至於經濟的發展有着一種反作用的影響。但雖然如此，他們本身仍然是居於經濟發展的支配的影響之下的。例如在哲學裏，就布爾喬亞的時代來說，這種情形就最容易得到證明，霍布士是最初的近代唯物論者（指十八世紀而言），又是當時的絕對主義者，而當時正是絕對君主制在全歐洲全盛的時代，在英國正是與民衆進行鬥爭的時代。洛克在宗教上和政治上都是一六八八年的階級調和的產兒。英國的無神論者，和他們的澈底的推進者，卽法國唯物論者，都是資產階級的正派的哲學家，法國唯物論者甚至於還是資產階級反革命的哲學家。在康德到黑格爾的德國哲學裏是貫串着德國資產階級俗物的性質——時而積極，時而又消極。但是，作為一定的分工的領域，每一時代的哲學都得以一定的思想材料作為前提，這材料是它從它的先行者繼承下來，而它就是從這裏出發的。於是就發生這樣的事：在經濟上落後的國

馬克思恩格斯關於唯物史觀的書信

家，常能夠在哲學上起領導的作用：例如十八世紀法國對於英國（法國人就是立足在它的哲學上的），後來德國對於前兩者。但不論在法國和德國，哲學仍是像每一時代的一般著作的繁榮一樣，都是一種經濟上的飛躍的結果。經濟發展的最後的至上權，我認爲在這些領域上仍是確立着的，不過它要通過個別領域本身所規定的條件而表現出來：例如在哲學裏，就表現爲在先行者遺留下來的現有哲學材料上所發生的經濟影響（它多半又是首先在政治等等的外衣之下作用着的）。經濟不會直接從本身創造什麼，而只是決定着現存的思想材料的改變和補充的方式，而這種決定，當它是作爲政治、法律、道德的反射（這一切對於哲學有着重大的直接的作用）時，也幾乎全是間接的。

　　對於宗敎方面，我在『費爾巴哈論』的最後一節裏已經把最必要的東西說過了。

　　因此，當巴特（Barth）以爲我們是把一切經濟運動本身的反作用都否定了時，他僅只是向風車格鬥罷了。他只要去看一看馬克思的『布魯美爾十八日』，那兒所說的差不多都是關於政治上的門爭和事件所演着的特殊作用（自然是在它對於經濟條件的一般的從屬性以內的）。或者看『資本論』，例如在關於勞動日的一節裏，立法（這就是一種政治行爲）對於勞動日是起着多

馬恩通信選集

歷深刻的作用。或者看關於資產階級的歷史的一節（二十四章）。或者問爲什麽我們要爲着無產階級的政治上的專政而門爭，倘若政治權力在經濟上是無力的話，支配權力（這是説國家權力）也正是一種經濟上的勢力。

但我現在沒有時間來批評那本書＊。第三卷必須要先弄出來，並且我和信，譬如伯因斯坦，也能夠把那件事完全處理好的。

這些先生們所缺少的，就是辯證法。他們常常只看見這裏是原因，那裏又是作用。他們一點也不知道這是一種空洞的抽象。在現實世界裏，這種形而上學的兩極對立，只存在於破局中，整個的大的進程是在交互作用（雖然是極不相等力的作用，雖然經濟的運動在這裏一直都是最强力的、最根源、最決定的）的形式中進行着，這裏沒有絕對的東西，一切都是相對的。他們看不見這些，對於他們，黑格爾是不存在的。……

＊ 『那本書』是指巴特所著的『黑格爾的歷史哲學和一直到馬克思和哈特曼的黑格爾學派』。 ——編 者

八 恩格斯給斯他爾根堡的信

一八九四年一月二十五日於倫敦

（註）恩格斯這封信裏面答覆兩個問題：一，經濟關係是怎樣作爲原因而作用着？它對於發展算是一種充足的原因、根據、誘因和恆久的條件嗎？二，種族要素和歷史的個人究竟有着什麼樣的一種作用？

一，我們所謂的經濟關係（我們把它看做社會歷史的決定基礎），是一定社會的人類用來生產他們的生計並實行互相交換生產物（在分工存在着的情形裏）時的方法和方式。因此它裏面就包括着生產和運輸的全部技術。依我們的見解，技術又決定着交換的方法和方式，進一步又決定着生產物的分配，由此又決定着階級的劃分（在氏族社會解體以後），決定着支配和奴役的關係，決定着國家、政治、法律等。在經濟關係裏包含着的，還有地理的基礎（經濟關係就是在這上面活動着

— 93 —

马 恩 通 信 选 集

的），還有那以前的經濟發展階段在實際上傳留下來的殘餘（這殘餘之能保存下去常只是由於傳統或惰性力），自然也還有那從外面把這社會形成包圍着的環境。

如果像如你所說，技術是大部分從屬於科學的狀況，那末，科學的狀況還更甚的要從屬於技術的狀況和需要。倘若社會上有一種技術上的必要，那就比十個大學還更能推動科學前進。整個的靜水力學，都是由於十六和十七世紀意大利有整頓山岳上的洪流的需要而發達起來的。在電學方面，是自從它在技術上的有用性被發見了以後，我們才有了一些正常的東西。然而可惜，在德國，人人寫科學歷史的時候，總是慣於把它形容成天上掉下來的一般。

二，我們把經濟條件看做在結局上規定着歷史發展的東西。但種族也正是一種經濟的因素。在這裏有兩點是不能忽視的：

（一）政治、法律、哲學、宗教、文學、藝術等等的發展，都建立在經濟上。但它們在自己互相間和在經濟基礎上又都有着反作用。並不能說，經濟狀況就是原因，是唯一能動的，而其他一切都只是被動的作用，而是在結局上常常把自己貫徹着的經濟必然性的基礎之上的交互作用，例如國家，就通過了保護關稅、自由貿易、好的或者壞的財政制度而發生作用，甚至於就是那德國資產階級俗物們底從一六四八到一八三〇年德國的經濟窮乏狀況中發源出來的致命的軟弱和無能（這在最初，是表現為虔敬主義，後來又成為感傷主義和爬行的、對王侯和貴族們的屈服）也未嘗沒有經濟上的作用。它曾經是復興的最大障礙，後來革命的和拿破崙的戰爭把慢性的窮乏變成了急性，才算是把它動搖了。因此，像人們這樣那樣地隨意想像着的那經濟狀態的自動作用，是沒有的，這裏有着的是人類自己創造自己的歷史，不過這創造是在一種所予的、有限制的環境之內，是在現存的事實關係的基礎之上，在這些關係裏，經濟關係雖然會從政治的和意識形態的關係方面而受到影響，但在結局上它是決定的東西，並且形成了貫串在它們中間的、唯一引導着人達到了解者的紅線。

（二）人們創造他們自己的歷史，但直到現在都還不是用全體的意志向着一個總計劃去創造，就是在一個有着一定範圍的所予的社會裏，也不是這樣做。他們的努力互相交錯着，就因此，使得一切這樣的社會裏都支配着必然性（它的補足和現象形式是偶然性）。這通過了偶然性而把自己貫徹着的必然性，結局又是經濟的東西。到這裏就可以討論到所謂的大人物了。一件這樣的東西，而且恰恰只有他在這一定的時間和這所予的國土裏出現，這自然是純粹的偶然。如果我們撇開這偶然，

馬 恩 通 信 選 集

那就得需要補償，這補償是不論好壞都會出現的，不過
要在長時期的繼續中出現。拿破崙，正是這克爾西加
人，是這軍事的獨裁者，從自己戰爭中被創造出來的法
蘭西共和國需要着他，這是偶然；至於缺少了一個拿破
崙時一定會有人來代替他的位置，也是可以證明的，卽
只要是有需要的話，這樣的人是隨時都可以找到：不論
是凱撒、奧古斯都、克倫威爾等。如果說，馬克思是發
見了唯物論的歷史見解，那末，從梯里、米格納特、居
左以及一八〇五年以前的全部英國歷史家那裏可以看出
已經有人向這方面努力，而這同一見解之被摩爾根所發
見，更證明這見解的成熟時間已到，因此它就不能不被
發見。

　　歷史上一切其他的偶然的東西和外表上的偶然的東
西，都是這樣的。我們所研究的領域離開經濟益遠，並
益更接近於純粹抽象的意識形態時，那就益更能讓我們
看出，這些領域的發展中呈現着偶然性，而它們所循的
路線也益更曲折。如果你把這路線的交叉軸線描畫出
來，你就會看出：倘若所觀察的範圍益更長久，處理的
領域益更擴大，那末，它的軸線就益更和經濟發展的軸
線接近地平行地進行着。

　　正確認識的最大障礙，就是德國著作界裏對於經濟
歷史的不負責任的忽視。事情的困難，不僅只在於要革

— 96 —

馬克思恩格斯關於唯物史觀的書信

除那在學校裏鑄打成了的歷史觀念，更困難的是要搜集那必要的材料。誰只要看看那老居里希的書，他在他的枯竭的材料堆裏竟包含着那樣多的用來解釋無數政治事實的題材！

　　最後我要說，馬克思在『布魯美爾十八日』所給予着的那優秀的範例，對於你提的問題已經有着很適切的敎示。我還要說，在『反杜林論』第一章第九至第十一節、第二章第二至第四節以及第三章或序論裏，又在『費爾巴哈論』的最後一節裏，已經把所有的要點都確定着了。

九　恩格斯給梅林的信

一八九三年七月十四日

……意識形態是一種過程，這過程是憑藉着所謂思想家的意識來完成的，但所憑藉的是一種假的意識。推動着思想家的那本來的原動力，在思想家是意識不到的，否則就不會成其爲意識形態的過程。思想家所想到的常是假的或表面的原動力。

因爲它是一個過程，所以它的內容和形式，都是從純粹的思想（不論是思想家自己或他的先行者的）裏引導出來的。思想家憑藉着單單的思想上的材料來工作，他是毫不思索地把這材料當做從思想裏產生的東西，同時也不進一步去探究那比較離得遠的、不從屬於思想的過程，並且在他們看來，這好像都是自明的事情，因爲所處理的東西都是以思想爲媒介，因此也就好像都是在結局上以思想爲基礎的東西了。

歷史的意識形態代表者（這裏的歷史，是簡單地總

馬克思恩格斯關於唯物史觀的書信

括那政治、法律、哲學、神學的領域，一句話，即屬於
社會而不僅只屬於自然的一切領域）——歷史的意識形
態代表者就這樣在每一科學領域裏都有着一種材料，這
材料從以前時代的思想裏獨立地形成起來，並在這互相
連續的時代的頭腦裏構成一種獨立的、特有的發展系
列。雖然如此，外部的事實（不論是屬於它本來的領域
或其他的領域的事實）對於這發展仍是決定地起着作
用，但這事實是作爲沉默無言的前提，甚至於它也就是
一種思想過程的成果，於是我們就只好仍然停留在那
（就是最堅硬的事實，也被它輕易的消化了的）思想的
範圍裏。

這一種關於（國家憲法、法律系統，意識形態上的
觀念等）各自領域上的獨立歷史的外觀，把所有的人們
的眼睛都蒙蔽了。

如果說，路德和加爾文戰勝了官派的加特力敎，黑
格爾戰勝了費希特和康德，盧騷間接地以他的『社會契
約說』戰勝了憲法上的孟德斯鳩，那末，這就是一種限
定在神學、哲學、國家科學裏的過程，它呈現爲一種觀
念領域的歷史之內的過站，且決不越出觀念領域一步。
而自從關於資本主義生產的永久性和最後完成性的資產
階級幻覺出現以後，重農主義對重商主義的克服以及作
爲思想上的唯一勝利的亞當斯密，都不能算做變動中的

經濟事實在思想上的反射，而只被看做對於恆常地普遍地存在着的事實條件的最後獲得的正確見解了。

倘若獅心王李 查和菲力普·奧古斯丁（法蘭西國王）實行了自由貿易，而不是被捲入在十字軍中，那末，那五百年的兵災和蠢事也許就可以省去了。

對於事情的這一方面（我在這裏對它只能 約予提示）我覺得我們都沒有給予它所應該受到的重視。有一個舊的典故：在開始時形式常是比內容更被忽視。如像已經說過的，我就是做了這樣的事，而錯誤常常是在事後才暴露出來。

因此，我不僅僅是不能從上面的情形裏找出一種對你的責難，這樣的事，在我這樣一個比較年長的同罪者是不應該的，相反地——我只應該使得你在將來對於這一點注意一下。

意識形態代表者們的愚妄的觀念和這也有着關聯：因爲我們否認了意識形態的各種各樣的方面（它們在歷史上都有着一種作用）獨立的歷史的發展，於是也否認了它們的歷史的活動。這就是由於把通常的關於原因和作用的非辯證法觀念當作了殭硬的互相對立的兩極來看的緣故，由於對交互作用的絕對忽視的緣故；一種歷史的契機依據着其他的最後依據着經濟的事實而一度出現到世界上來時，它就能反作用於它的環境甚至於它本身

馬克思恩格斯關於唯物史觀的書信

的原因，這一點，先生們常常是完全故意地把它忘了，例如巴特在他的著作第四七五節裏講到僧侶和宗教的地方。……

論愛爾蘭問題 *

——柯柏年譯——

一　恩格斯致馬克思的信

一八五六年五月二十三日於曼徹斯特

在我們旅行愛爾蘭時，我們從都柏林到西海岸的加爾威，再朝向內地北行，達里摩黎克，沿善農河而下抵塔柏特、特拉里、基拉尼，再返到都柏林來。一共在該國本身跑了四百到五百英里；我們所看到的地方，約佔

　　＊　這裏所重印的馬克思和恩格斯討論愛爾蘭問題的三封信，是他們在民族問題上所採取的政策之古典的例子。關於馬克思和恩格斯對愛爾蘭問題所採取的立場，列寧說過了這樣的話：

　　『馬克思和恩格斯在愛爾蘭問題上，也實行了澈底的無產階級的政策，這個政策眞正以民主主義和社會主義的精神教育羣衆。只有這個政策，能使愛爾蘭和英國都不至於將必要的改革延遲五十年，不至於由自由派為反動勢力着想而來損傷這種改革。

　　馬克思和恩格斯在愛爾蘭問題上的政策，做了一個最偉大的、至今還有巨大的實際意義的榜樣，指示壓迫民族底無產階級應當怎樣對待民族運動，警戒他們不要沾染各個國度、各個人種以及說各種語言的小資產階級所持有的那種『奴隷式的急躁性』，這些小資

馬 恩 通 信 選 集

全國底三分之二。都柏林具備着曾爲小帝都的性質，而
且全都是英國作風的建築，都柏林與倫敦的關係，正如
杜塞爾多夫與柏林之關係一樣，除了都柏林之外，全國
底外觀，尤其是都市，都與法國或意大利北部極相似。
憲兵、牧師、律師、官僚、紳士，是多得很，而任何工
業却完全沒有，所以，如果沒有看到另一方面的情形，
卽農民底窮困，那就很難明白所有這些寄生物是依靠什
麼而生活的了。全國隨處都可見到『高壓手段』，政府
對於一切事情都干涉，所謂『自治』，是連一點影子也
沒有。我們可以把愛爾蘭看做英國底第一殖民地，因爲
接近於英國，所以還是照着老方法直接統治着。我們在
這裏就已經可以看到英國公民底所謂自由，是以對殖民
地之壓迫爲基礎的。我從沒有在任何國度中看見有這麼
多的憲兵；這裏的拿着短槍、刺刀和手銬的警察，把普
魯士憲兵的縱酒的容態，發展到其最高峯。

產者手忙脚亂地認爲誰要是把由某一個民族中的地主和資產階級底
暴力和特權所造成的國界加以改革，誰就是『空想家』。
　　愛爾蘭的和英國的無產階級，如果沒有探納馬克思底政策，沒
有把愛爾蘭獨立作爲自已的口號，他們就犯了最惡劣的機會主義的
錯誤，忘記了民主主義者和社會主義者底任務，而向英國反動勢力
和資產階級表示了讓步。』（『列寧全集』，第十七卷，『論民族
自決權』）
　　　　　　　　　　　　　　　　　　　　　　——編輯部註

論愛爾蘭問題

這個國度底特色，就是遍地廢墟，最古的是從第五和第六世紀遺留下來的，最近的是從十九世紀遺留下來的——還有從介乎這兩個時期的許多中間時期遺留下來的。最古的，都是些敎堂；在一一〇〇年以後的，是敎堂和城堡；在一八〇〇年以後的，是農民底房屋。整個的西部，尤其是加爾威附近，隨處都是這些破碎的農民房屋，大部分是在一八四六年以後才遺棄的。我從沒有想到饑荒會有這麼顯明的現實性。整個的村子是荒廢了，而在這些荒廢的村子之中間，是小地主底美麗園邸。依然住在那一帶地方的，差不多就只有這些小地主，他們大都是律師。饑荒，移民，和清理債務，合力造成了這種狀態。在田野間，連牲畜的影子也沒有看到。土地完全是荒地，誰都不要。在加爾威以南的克勒郡，情形就比較好，那裏最少是有一些牲畜。向着里摩黎克的小山，大部分是由蘇格蘭的農民耕種得極好，廢墟已被掃除，該地的外觀是富裕的。在西南部，有許多的山和沼，但也有茂盛得驚人的森林，在其後面是很好的牧場，尤其是在蒂帕累利，和向都柏林一帶的土地，我們可以看出是逐漸落入富農之手。

英國人的從一一〇〇年到一八五〇年的侵略戰爭（戰爭與包圍狀態兩者的時期，確有這麼長久），使土地完全荒廢了。廢墟大部分是戰爭時期的破壞所造成

馬恩通信選集

的；這是一件事實。愛爾蘭人民底特殊性格，就是由此得到的。他們雖然具有愛爾蘭民族的狂熱性格，但他們在自己的國內，已不再覺得是在自己的家鄉了。愛爾蘭是爲着撒克遜人的！那種情形，現在是已實現。到愛爾蘭來的英國人，不論在那一方面，都有比較優越的手段；愛爾蘭人知道他們不能與英國人競爭。愛爾蘭人將繼續離開祖國 而移居海外，直至愛爾 蘭人口底克勒特（celt）的性質——愛爾蘭人口，主要是，實在差不多完全是屬於克勒特民族——完全消滅爲止。愛爾蘭人常有所圖謀，但不論是在政治上或在產業上，每次都被壓倒。由於一貫的壓迫，人爲地把他們變成一個完全墮落的民族，他們現在担負着一種惡名昭彰的職務，即以娼妓、臨時僱工、姘頭、竊賊、欺詐者、乞丐和別種流氓，供給英國、美國、澳洲和其他地方。貴族階級也具有這種墮落的性格，所有別國的地主，都具着資產階級的品性，但愛爾蘭的地主是完全墮落的。他們底鄉間住宅，有巨大的奇麗的花園環繞着，但其四周圍都是些荒地，可以供給他們錢的地方，是完全看不見的。這些人都應該槍斃。他們是混合種，大都是高大的、强壯的美男子，在羅馬風的巨大的鼻子下面，留着很密的鬍子，裝成退職大佐底軍人風調，旅行於國內各地以追求各種各樣的享樂。如果我們調查一下，他們是連一個銅板都沒有，债台高築，而在因負债而落入法庭去底恐怖中過活。……

二　馬克思致顧格曼的信

一八六九年十一月二十九日於倫敦

您或許已在『人民國家』上看到我所提出的關於愛爾蘭大赦問題的反對格蘭斯頓的決議＊。我現在像從前攻擊派麥斯頓（palmerston）一樣地攻擊格蘭斯頓——這已在此地引起了人家的注意。這裏的亡命的煽動家，

＊　這是指馬克思於一八六九年十一月末在第一國際底總委員會上提出他的關於愛爾蘭問題的決議案時的演說，他的決議案經過了長時間的熱烈的辯論，由全體通過。這個決議案，歡迎愛爾蘭人的爭求大赦——赦免那些爲爭求愛爾蘭民族解放而被禁錮的領袖們——的奮鬥；抗議英國首相格蘭斯頓底行動，他『提出一些條件，以妨害政治大赦之實行；他所提出的條件對於惡劣政府底犧牲者，以及對於這些犧牲者所屬的人民，都是侮辱的』。　　　　　　　　　　——編輯部註

一八六九年十一月十八日，馬克思寫信給恩格斯說，他在第一國際底總委員會上關於英國內閣對愛爾蘭大赦的態度問題，講了一點一刻鐘的話，並提出以下的決議：

『決議，

論 愛 爾 蘭 問 題

喜歡在離得老遠的地方，攻擊歐洲大陸的專制君主。這一類的事情，只是暴君在當前的時候，才會引起我的興趣。

格蘭斯頓先生在答覆愛爾蘭人要求釋放被禁的愛爾蘭愛國志士時——他的答覆，是見於他寫給烏西亞諸人的信中——是故意侮辱愛爾蘭民族的；

他提出一些條件，以妨害政治大赦之實行，他所提出的條件，對於惡劣政府底犧牲者，以及對於這些犧牲者所屬的人民，都是侮辱的。

格蘭斯頓身居負責地位，竟當衆熱烈慶祝美國奴隸主人底叛亂，現在又向愛爾蘭人民宣傳消極服從的學說；

他對於愛爾蘭大赦問題的全部政策，就是「侵掠政策」底眞正表現，格蘭斯頓在過去是曾以斥責這種政策，而把敵黨（保守黨）底內閣推翻的。

國際工人聯合會底總委員會對於愛爾蘭人民之如此勇敢堅決而高尚地進行要求大赦的運動，表示欽佩；

本決議案應通知國際工人聯合會各支部以及與它有聯繫的歐美各國一切工人團體。』

一八六九年十一月十日，馬克思寫道，他在第一國際底總委員會上關於愛爾蘭問題的報告，其要點將如下述：

『英國工人階級底直接的絕對的利益，要求他與愛爾蘭斯絕現有的關係，這完全與替愛爾蘭主持公道的各種「國際主義的」和「人道主義的」空話無關，因爲這在國際工人聯合會的總委員會內都是視爲當然的。這是我的極深刻的信念，這個信念所根據的理由，有一部分我是不能向英國工人宣佈的。我在許久時期內認爲英國工人階級得到政權，可

馬　恩　通　信　選　集

　　我關於這個愛爾蘭大赦問題之發言，以及我再進一步向總委員會提議對英國工人階級與愛爾蘭之關係加以討論並作一決議，除了大聲爲被壓迫的愛爾蘭人堅決反對他們的壓迫者之外，當然是還有別的目的的。

　　我日益確信——唯一的問題是使英國工人階級明瞭這個道理——英國工人階級在將他對愛爾蘭所採取的政策很明確地從支配階級底政策分離開來以前，在他不只與愛爾蘭人攜手、並且實際發動解散一八〇一年所建立的聯合**而代之以自由的聯盟關係以前，他們在英國就不能有什麼重大的進步。這是必須做的；這不只是對愛爾蘭表同情之問題，而是爲無產階級利益的一個要求。如果沒有這樣做，英國的人民就將依然受支配階級所操縱，因爲英國的人民一定與支配階級聯合來共同反對愛爾蘭。在英國本國的每一次工人運動，都因爲與愛爾蘭人——愛爾蘭人在英國工人階級中佔極重要的部分——

以推倒愛爾蘭所受的壓制；我在「紐約論壇」（還是馬克思所投稿的一份美國報紙）上總是發表這個觀點。但是更深刻地研究了這個問題的時候，却使我相信相反的情形：英國工人階級在未解脫愛爾蘭以前，便不能有所成就……英國內部的英吉利反動勢力，其根源就是在於愛爾蘭之征服。」　　　　　　　　　　　　　　　　　　　　　——譯者補註

　　**　在一八〇一年，英國國會通過「聯合法案」，廢去愛爾蘭國會，把愛爾蘭變成完全附屬於英國。　　　　　　　——編輯部註

論 愛 爾 蘭 問 題

分裂，以致沒有力量。在英國的解放底第一條件——卽
推翻英國的地主寡頭政治——依然是不可能實現，因爲
當它還保持其在愛爾蘭的堅固的前哨時，就不能撼動它
在英國的地位。但是，一旦愛爾蘭的事情由愛爾蘭人民
自己掌握，一旦他自己制定自己的法律和決定自己的統
治者，一旦他成爲自主的，那末，廢除地主貴族政治
（愛爾蘭的地主大部分也就是英國的地主）將比英國容
易得多，因爲在愛爾蘭，這不只是一個單純的經濟的問
題，而同時也是一個民族的問題；因爲在愛爾蘭的地主
並不與英國的地主相同，在英國的地主是傳統的貴人和
國家的代表，但在愛爾蘭的地主却是全民族所痛恨的壓
迫者。英國與愛爾蘭的現在的這種關係，不單是妨害了
英國的內部的社會發展，而且妨害了英國的外交政策，
尤其是對俄和對美的外交政策。

　　但因爲英國工人階級一般社會解放底天秤盤中，無
疑地是有着決定的重量，所以，這裏就一定要使用槓
桿。實在說起來，在克倫威爾統治下的英國共和國，是
在愛爾蘭觸礁沉沒的＊。不要再蹈覆轍！愛爾蘭人選舉
『重罪犯人』盧沙（Odouau Rossa）＊＊爲國會議員；這
是對英國政府開了一個大玩笑。政府的機關報已恐嚇說
要重又廢止『人身保護令』（Hobeas Corpus Act）＊＊＊
重又恢復『恐怖制度』。在事實上，當現在的這種關係

馬 恩 通 信 選 集

存續着的時候，英國除了以最殘暴的恐怖手段和最可惡
的舞弊營私來統治愛爾蘭之外，從沒有以別的方法也不
能以別的方法，來統治愛爾蘭。

　　＊　當英國資產階級革命時，一六四一年愛爾蘭發生暴動，結果愛
爾蘭有一大部分與英國完全斷絕關係。克倫威爾到一六四九年才把這個
暴動鎮壓下去。愛爾蘭底『平定』，是以空前的殘酷辦到的：以大量沒
收愛爾蘭人民底土地爲結束，把沒收的土地，賞給克倫威爾底軍隊底士
兵和軍官；也以土地償付軍用品底供給者。這一切，使愛爾蘭人變爲英
國共和國底反對者，變爲英國革命底最積極的反對力量。

　　　　　　　　　　　　　　　　　　　　　　——編輯部註

　　＊＊　盧沙是愛爾蘭的政治家和新聞記者。一八六五年，他在都柏林
創辦了『愛爾蘭人民』，是愛爾蘭民族的革命團體『芬尼會』底機關
報。他爲了這份報紙帶着革命傾向而被判處終身徒刑。在一八六九年，
蒂帕累利的地方選舉他爲國會議員。政府宣佈選舉無效，但把他釋放，
他乃移居於美國。

　　　　　　　　　　　　　　　　　　　　　　——編輯部註

　　＊＊＊　一六七九年，英國國會通過了『人身保護法』，規定逮捕時
必須有逮捕命令，而且在短期間內必須解送法庭審判，否則釋放。

　　　　　　　　　　　　　　　　　　　　　　——編輯部註

三　馬克思致邁爾與符格特的信

一八七〇年四月九日於倫敦

‥‥　我研究愛爾蘭問題 * 多年之後，達到了這樣的
一個結論，卽：不在英國，而只有在愛爾蘭，才能給英
國統治階級以決定的打擊（這對於全世界的工人運動
說，也是決定的）。在一八六九年十二月一日，總委員
會發出了一張祕密的通告 ** 談到愛爾蘭民族鬥爭與工
人階級解放之關係，因而談到國際工人聯合會對愛爾蘭

---

　　*　在一八五三年，馬克思早已就開始注意愛爾蘭問題，他在『紐
約論壇』發表了好幾篇論文，論及英國對愛爾蘭之剝削。恩格斯在他底
第一部著作『英國工人階級底狀況』中，也已詳細說及愛爾蘭問題了。
　　　　　　　　　　　　　　　　　　　　　　——編輯部註
　　**　馬克思在一八六九年十一月六日的總委員會會議中把愛爾蘭問
題提到議事日程上。馬克思將這個問題與鼓動大赦被禁的愛爾蘭芬尼黨
人，一同提出。這封信所提及的通告，沒有保存下來。
　　　　　　　　　　　　　　　　　　　　　　—— 編輯部註

所應取的態度；這通告是我用法文（因爲對英國發生反
響的，德文報紙並不重要，只有法文報紙才重要）寫成
的。我在這裏很簡單地把主要點對您們說一說：

愛爾蘭是英國地主貴族政治底堡壘。愛爾蘭底剝
削，不只是他們底物質的財富底主要來源，而且是他們
底最大的道德的力量。他們，在事實上，是代表着英國
之統治愛爾蘭。因此，愛爾蘭是英國貴族政治藉以維持
其在英國本國的統治之主要手段。

在另一方面，如果英國的軍隊和警察明天從愛爾蘭
撤退，愛爾蘭立卽就會發生農民革命。但是，在愛爾蘭
的英國貴族政治被推翻了，就使在英國的貴族政治也不
得不崩潰，這就完成了英國無產階級革命底前提條件。
在愛爾蘭破壞英國貴族政治，比較在英國本國破壞貴族
政治，是容易得無限，因爲土地問題一向就是愛爾蘭的
社會問題底唯一形態，因爲這個問題是愛爾蘭絕大多數
人民底生存問題，死活問題，而且因爲這個問題同時是
與民族問題分不開的，更不必計算愛爾蘭人底性格是富
於感情的，是比英國人更富於革命性的這一點了。

至於資產階級呢，第一，他們與貴族有共同的利
益，都要把愛爾蘭變爲只是一個牧場，以最廉的肉類和
羊毛供給英國市場，所以，他們是利於減少愛爾蘭的人
口，用沒收土地和強制移民的方法把人口減少到這樣的

論 愛 爾 蘭 問 題

一個程度，使得英國資本（租地資本）能『安全』地在這個國度中發揮其機能。他們對於在愛爾蘭的田莊清掃（卽把農民從他們的土地趕出來——譯者註），是與他們過去在英格蘭和蘇格蘭底農業區域的田莊清掃，有同一樣的利益＊。六千至一萬金鎊的不在地主的收入和其他的從愛爾蘭來的收入，現在每年流入倫敦，都同樣是應該計及的。

但是，現代的愛爾蘭的經濟，對英國資產階級還有更重要得多的利益。

由於租地不斷增長的集中，愛爾蘭就把其不絕的過剩人口供給英國勞動市場，因而使英國工人階級底工資以及其物質的和道德的地位不得不降低。

最重要的是英國每一個工業中心和商業中心，其工人階級，現在都分裂成兩個敵對的陣營——英國無產階級和愛爾蘭無產階級。英國的普通工人，仇恨愛爾蘭工人，把愛爾蘭工人當做抑低了他的生活程度的競爭者。對於愛爾蘭工人，他覺得自己是統治民族底一員，因此成為貴族和資本家對付愛爾蘭之工具，這樣就鞏固了貴族和資本家對他自己的統治。他抱着歧視愛爾蘭工人的

＊　關於英格蘭和蘇格蘭底農民階級底土地沒收過程，請閱『資本論』，第一卷·第七篇，『所謂原始集積』。　　　——編輯部註

宗教的社會的和民族的偏見。他對於愛爾蘭工人的態度，與美國從前蓄奴的諸邦中『貧窮的白種人』*對於黑人所抱的態度是差不多一樣的。愛爾蘭人呢，他用自己的貨幣，連本帶利地償還英國工人。他視英國工人是在愛爾蘭的英國統治底共犯者及其愚蠢的工具。

　　報紙、講壇、漫畫、雜誌，簡言之，統治階級所能指揮的一切手段，都盡力使英國工人與愛爾蘭工人之間的敵對不消滅，而反更加厲害。英國工人階級雖有組織，但沒有力量，其祕密就在於英國工人與愛爾蘭工人之敵對。資產階級之所以能保持其權力，其祕密也在於此。資產階級對此是很知道的。

　　可是，禍害並不止於此。它還渡過大西洋。英國人和愛爾蘭人之間的敵對，是美國與英國之間的敵對底隱伏的基礎**，它使英、美兩國底工人階級，沒有可能誠心眞正合作。它使英、美兩國底政府，能夠在他們認爲適宜的時候，以他們的互相的威嚇，如果必要時，就以兩國間的戰爭，來減殺社會鬥爭底銳鋒。

　　英國是資本底首都，一向統治着世界市場的就是英國。在目前，就工人革命來說，英國是最重要的一國；

---

　　*　還是指從前蓄奴的南部諸邦中的無產階級和貧農。

　　　　　　　　　　　　　　　　　　——編輯部註

論 愛 爾 蘭 問 題

工人革命底物質條件已經成熟到一定程度的，只有英國。所以，促進英國底社會革命，是國際工人聯合會底最重要的目的。促進英國社會革命之唯一手段，就是使愛爾蘭獨立。

所以，國際工人聯合會底任務，就是隨處都把英、愛的衝突放在前面，並公開贊助愛爾蘭，在倫敦的中央委員會底特殊任務，是要在英國工人階級中喚起這樣的一種意識，卽，愛爾蘭民族解放，對於他們，並不是一個抽象的正義或人類的同情之問題，而是他們自己的社會解放底第一條件。……

✱✱ 英國在愛爾蘭採行殖民地式的剝削，致使愛爾蘭的村子完全貧乏化，農民如果不願餓死於家鄉，就一定要拋棄家鄉而移居海外。在一八四六年，愛爾蘭人口是八百萬，到十九世紀末就降為四百五十萬左右。在一八五一年到一九〇五年之間，愛爾蘭人移居於美國的，為數不止四百萬。他們構成美國人口——尤其是在美國工人階級隊伍中——之很大的部分。他們還保持其對英國壓迫者的一切仇恨。美國的資產階級，容許愛爾蘭的革命的謀叛的團體在美國成立組織，常常利用這種民族的仇恨，以對付美國內部的階級鬥爭，也以此為武器來反對英國。

　　　　　　　　　　　　　　　　　　——編輯部註

附　錄

恩格斯致考茨基論殖民地的信 *

一八八二年十一月十二日於倫敦

……依照我底見解，本來的殖民地，這卽是說，由歐洲的人民所佔有的那些地方，如加拿大、好望角、澳

---

　　* 列寧在他的著作『關於民族自決問題的辯論底總結』中，分析恩格斯在這封信中討論無產階級奪取政權並建立無產階級專政之後對於殖民地的人民應採取什麼政策這個問題所說出的意見，而且把恩格斯底意見發揮起來。列寧說：

　　『恩格斯決不會以爲單是「經濟的」要素就將直接把一切困難都掃除。經濟的革命將使一切的民族都轉向於社會主義；可是，同時，革命——反對社會主義國家的——與戰爭也是可能的。政治不可避免地要順應着經濟，但並不是立刻地、平滑地、簡單地和直接地。恩格斯「所確知的」，只是一個徹頭徹尾國際主義的原則，他把這個原則應用於一切的「外國民族」，這卽是說，不單是應用於殖民地民族；——這個原則就是：把幸福强給外國民族，必把無產階級底勝利葬送掉。

　　無產階級實行了社會革命，並不因此就變成神聖的和不易犯錯誤並

論愛爾蘭問題

大利亞，都將變成獨立的；在另一方面，那些由土人居住着而只是被統治的地方，如印度、阿爾及尼亞、荷蘭領地、葡萄牙領地和西班牙領地，必須暫時由無產階級接收過來，引導它盡可能地迅速完成其獨立。這個過程將怎樣進展，是很難說的。印度也許將發生革命；這實在是很有或然性的事，自己已爭得解放的無產階級，不能進行任何殖民地戰爭；因此，一定是容許印度的革命。印度革命時，當然是免不了有各色各樣的破壞，但這一類的事情是與一切的革命都分離不開的。在別的地方，如阿爾及尼亞和埃及，都可發生同樣的事情。對於我們，這當然是最好的。在本國已有許多的事情夠我們幹了。歐洲先改組，然後北美；歐洲和北美就將產生非

没有弱點的。但是，可能的錯誤（和自私自利——企圖損人利己）將使他們不能避免地領會這個真理。

我們齊美瓦德左派都確信，如在一九一四年還沒有離棄馬克思主義而轉向去擁護沙文主義之前的考茨基所確信的，即：在最近的將來——或者，如考茨基所說的，「今天明天」——社會革命是很可能發生的。民族的反感，不會很快就消滅：被壓迫民族對於壓迫民族之怨恨——這種怨恨是很正當的——將繼續留存一個時間；只在社會主義勝利之後，只在最後建立起各民族間的完全民主的關係之後，才會消滅。如果我們想要忠實於社會主義，我們現在就要進行羣眾底國際主義的教育，但要在壓迫民族中進行這種教育，如果不宣傳被壓迫民族有分離之自由，那就不可能了。」（『列寧全集』，第十九卷）　　——編輯部註

常巨大的力量，並將樹立了這樣的一個先例，使得半文明的諸國，將自願仿傚。單是經濟的需要，就會使這些半文明國這樣做的。但是，這些國度要先經過什麼社會階段和政治階段，然後才同樣達到社會主義的組織，我以爲我們在今日只能提出空洞的臆說。只有一件事情是確定的：勝利的無產階級，不能把任何種幸福，强給任何外國；如果這樣幹，那就末有不把它自己的勝利葬送掉的。這當然不是連各種的防禦戰爭也不許。……

馬 恩 論 俄 國 *

——景林譯·徐冰校——

一　馬克思致左爾格的信

一八七七年九月二十七日於倫敦

……這次事變 ** 是歐洲歷史底新轉機。俄國——我從官方和非官方的俄文材料中研究了俄國 底狀況，（官方材料只有少數人能夠看到，可是我從彼得堡的朋友處得到了）。——早已就站在革命底門檻上；一切因

---

* 在研究土地問題中，馬克思非常注意俄國的探討，它的經濟，它內部的階級力量底對比以及俄國革命前途的分析。俄國使馬克思和恩格斯發生了興趣，因爲它是在歐洲政治上起着顯著作用的一個國家。反動的沙皇政府盡着歐洲底國際憲兵的作用。在馬克思和恩格斯計算中的成熟着的俄國革命形勢開展着一個有强大威力的革命底前途。所有這一切都推動他們對俄國的特別仔細的研究。

『我爲了要能夠從專門知識上來判斷俄國今日經濟發展底根源，我學習了俄文並且長年地研究了與這些材料有關的官方的以及其他俄文的出版物。』〔馬克思一八七七年底致『祖國拾零』（"Otetschestwennyje Sabiski"）〕

恩格斯說馬克思比任何人都認識與了解俄國。

— 125 —

素都具備了。英勇的土耳其人經過他們不但給與了俄國
軍隊（和俄國財政）並且給與了統帥軍隊的王朝（沙皇
王位繼承者和六個其他的羅曼諾夫皇族）的打擊把爆發
加速了幾年。革命運動很技巧地從立憲底把戲開始，它

　　馬克思在他的信裏再三地指出在俄國正在形成中的革命形勢底高度
發展以及俄國革命底國際意義。下面是關於這個問題一些摘錄。

　　『在俄國革命運動比在其他整個歐洲更向前開展——馬克思在一·八
五九年十二月十三日寫着——一方面是立憲運動的貴族反對沙皇，農民
的立憲運動反對貴族……。下次革命到來的時候，希望俄國一同革命
化。』（『馬克思一八五九年十二月十三日致恩格斯』，『馬恩全
集』，德文版，三集二卷四四六頁）

　　關於『下次革命』這裏是指全歐洲的革命及世界革命。一八八二年
一月在『共產黨宣言』俄文譯版底序言中馬克思和恩格斯公開聲明：
『俄國形成着歐洲革命運動底前驅。』

　　馬克思所說的革命不僅指俄國而言，這從他一八六三年二月十三日
致恩格斯的信中可以看出，那兒寫道：『你對於波蘭的事件怎樣？（指
波蘭的暴動——編輯部）革命底時代現在在歐洲又真正地展開了，這一
點已是確切的。希望火山底烽熖這次從東方燃到西方來，而不是相反
的；這樣我們將會省去法國創機底『榮譽』。』（『馬恩全集』，德文
版，三集第二卷一二六頁）馬克思如何恰當地預言了俄國革命的具體條
件，可以從他在剛剛爆發的普法戰爭底事變後所說的話中看出。在一八
七〇年八月八日他寫給恩格斯說：

　　『正像拿破崙第三在一八六六到一八七〇年所做的一樣，俄國
將與普魯士欺詐，以便在土耳其方面得到讓步，然而所有這些欺

將會發生了好大的騷動呢。如果大自然母親不是對我們特別不利，我們還能經歷歡祝呢！俄國大學生們幹的那些蠢事只是一個徵兆，它本身是毫無價值的。但是它是一種徵兆。俄國社會底一切階層在經濟上、道德上及知識上都處在完全的解體中。

這次，革命從東方開始了，那兒向來是反革命之不可擊破的堡壘和後備軍。

許．雖然有霍亨楚倫底俄羅斯宗教，最後必將以欺詐者之間的戰爭爲結束。』（『馬恩全集』，德文版，三集四卷三五八頁。）在同年九月一日馬克思寫給左爾格說：

　　『這次的戰爭同樣必然地要引起德國與俄國的戰爭，正像一八六六年的戰爭引起了普魯士與法蘭西間的戰爭一樣，這是普魯士的蠢人們所看不到的。這是我對德國所希望的最好的結局。這特有的「普魯士主義」除了與俄國聯盟以及聽命於俄國外，是從來沒有其他形式存在過，也從不會以其他形式存在的。而這樣一個第二號的戰爭在俄國將要成爲不可免的社會革命底收生婆。』

四十七年以後，馬克思的這一預言完全實現了。在這一問題上馬克思和恩格斯在他們的一些表現中曾有一個錯誤，卽是他們把革命的時機估計早了。但是這個在革命開始的問題上的錯誤並不妨礙對於形勢底一般的診斷．俄國革命的動力、性質以及它的國際意義的估計是完全正確的。

在這裏我們發表一封馬克思論俄國的信和恩格斯一八七五年反駁託卡秋夫的文章。　　　　　　　　　　　——編輯部註

**　指一八七七年俄土戰爭。　　　　　　　——編輯部註

馬 恩 通 信 選 集

俾斯麥先生很有味道地旁觀着這次的打擊，但是它不應走得太遠。太把俄國削弱了，它就不能像在普法戰爭中再把奧地利牽制＊住！如果在那兒甚至發生了革命，那末，那裏還有霍亨楚倫王朝底最後保證呢？

在目前，一切都決定於波蘭人（在波蘭王國裏）要屈服一下。在那邊目前千萬不要有暴動！不然，俾斯麥立刻就會加入干涉，而俄國的沙文主義又會站在沙皇方面去了。相反地，如果波蘭人安靜地等待着，到彼得堡和莫斯科都燃燒起來，那末，俾斯麥就會以救世主自居而加進來，那末，普魯士就找到了——它的墨西哥＊＊！

我向我所接觸的在他們的同鄉中有影響的波蘭人再三再四地極力說明了這一點。

法國事變＊＊＊比之東方的事變只是一個完全次要的事件。然而我們仍然希望資產階級共和國得到勝利，或

＊ 俄國在普法戰爭中不但對普魯士守了中立，而且也強制奧地利與意大利守中立。　　　　　　　　　　　　——編輯部註

＊＊ 這是把拿破崙第三於一八六一——六三年對墨西哥的進攻爲引喻，他想藉着向殖民地的冒險行動來鞏固他的第二帝國之動搖的基礎。起初由英國和西班牙參加的武裝干涉，是意欲援助墨西哥的反革命勢力，以反抗一八五七年在墨西哥創立的資產階級共和國。

失敗了的墨西哥冒險行動毀壞了法國、英國和美國間的關係，因此供給共和主義反對派以新的滋養料。　　　　　　——編輯部註

馬恩論俄國

者是舊把戲又重新開始，無有一個民族能夠屢次重復這
種儍事的。

***　　係指一八七七年法國政治鬥爭的尖銳化。五月十六日，法國
底反動總統麥克·馬翁（Mac Mahon）違反着國會底意志，委任保皇黨
人德·布羅利組織內閣。他解散了反對派的議會，下令舉行選舉。選舉
舉行於一八七七年十月，雖然有政府恐怖政策，選舉結果共和主義者仍
佔多數。　　　　　　　　　　　　　　　　　　　　——編輯部註

二　俄國社會狀況

恩　格　斯

　　以下的文章是在我和一位託卡秋夫先生一次論戰的機會中寫下來的。在一篇評論倫敦出版的俄文雜誌『前進』的文章中（登在『人民國家』一八七四年第一一七及一一八期上）我附帶地提及這位先生底名字，但是却惹起他的尊貴的敵視。託卡秋夫先生毫不猶豫地發表了一篇『給弗列德力克·恩格斯的公開信』（蘇黎希一八七四年），在這封信裏面，他說給了我許多奇怪的事情，以後針對着我的顯著的無知，他就極力把他自己對於這些事物底眞相和對於俄國社會革命前途的意見說了出來。這篇大作底形式以及內容都帶着一般的巴枯寧的印章。因爲它是用德文發表的，所以我認爲有在『人民國家』上面答覆它一下的價值。（參看『亡命者文學』四號及五號以及『人民國家』三十六期以下各期）我底答辯中第一部分主要是敍述文化鬥爭中底巴枯寧方式，

馬恩論俄國

這種方式底內容就簡單地在於給敵人披上一件直接造謠中傷的大衣。經過在『人民國家』上的刊登，這主要是個人方面的部分已經作的很夠了。因此在這裏我刪去了它，而在書店所希望的單行本中只留下第二部分，這一部分主要是研究從一八六一年以來，即從所謂農奴解放以來所形成的俄國社會狀況。

俄國事物底發展對於德國工人階級有着極大的重要性。現今的俄羅斯帝國形成了一切西歐反動之最後的支持者。這在一八四八和一八四九年極確切地表現出來。因為德國在一八四八年錯過了使波蘭暴動和進行反對俄國沙皇戰爭的機會（如像『新萊茵報』自始至終所要求的），所以這同一的沙皇到一八四九年便能夠把一直前進到維也納大門口的匈牙利革命打擊下去，到一八五〇年他又能在華沙裁判奧地利、普魯士和德意志底各小國，並且把舊的聯邦議會＊恢復起來。還在幾天以前——一八七五年五月初——俄國沙皇完全和二十五年以前一樣在柏林受領了他的附從國底恭順，證明它在今天

＊ 一八四八年革命以後，普魯士企圖組織一個在它領導下的德意志各部底聯盟。一八五〇年組成了包括十九邦的『普魯士聯盟』。俄羅斯和奧地利破壞了這一計劃。一八五〇年十月在華沙，十一月在奧爾米茨，普魯士在俄國沙皇底壓力之下放棄了這一計劃。以後經過許多戰爭普魯士才得到了這一領導權。　　　　　——編輯部註

也還是歐洲底裁判者。在現存的俄羅斯國家還存在着的時候，無有一個革命在西歐能夠澈底勝利。可是，德國是它最近的鄰國，俄國的反動軍隊第一個反擊便會落在德國身上。因此，俄羅斯沙皇政權底顛覆，俄羅斯帝國底解體，是德國無產階級最終勝利底主要條件之一。

但是，這一顛覆決不是非從外面引起不可的，雖然外來的戰爭能夠大大地加速沙皇政權底顛覆。在俄羅斯帝國內部的本身存在着有力地促使它滅亡的因素。

第一個因素便是波蘭人。他們經過百年之久的壓迫已經處在這樣一種環境，或者他們起來革命，援助一切西方眞正的革命暴動做爲波蘭解放的第一步，或者就只有淪亡。而目前他們正處在這樣一個境況，他們只有在無產階級陣營裏能夠找到他們西歐的同盟者。近一百年來，他們經常地被西方一切資產階級政黨所出賣。在德國，一般地自一八四八年起才算數上了資產階級，而從那時起，他們是經常敵視波蘭的。在法國，一八一二年拿破崙出賣了波蘭，而正因爲這次出賣，他的遠征、皇冠和帝國都失掉了；一八三〇和一八四六年的資產階級君主國，一八四八年的資產階級共和國，克里木戰爭和一八六三年的第二帝國都踏了他的覆轍。誰都這樣卑鄙地出賣了波蘭。而今天法國急進的資產階級共和派仍然還匍匐於沙皇前面，希望用一次對波蘭的新出賣來換得一個反普魯士的報復聯盟，完全像德意志帝國底資產階級把這同一沙皇當做歐洲和平底保護者，這就是說德、普魯士底保護者來崇拜一樣。波蘭人再無有像在革命工人那裏能找到忠實的無顧慮的支點了，因爲兩者對於共同敵人底顛覆有着同一的利益，因爲波蘭底解放和這一顛覆有相同的意義。

　然而，波蘭人底活動是一種地域上限制了的。它被限制在波蘭、立陶宛和小俄羅斯；而在俄羅斯帝國本來的核心，大俄羅斯，它底作用則等於零。四千萬大俄羅斯人是一個太大的民族，而且經過了太特殊的發展，一種運動從外面不能强迫它們。但是這也是不必要的。實際上，俄國底人民大衆，農民，已經好幾世紀以來，就世世代代麻痺地生活在一種脫離歷史的停滯之中。而唯一能夠暫時中斷這種荒漠狀況的變動，便是個別的毫無效果的暴動，以及貴族與政府之新的壓迫。經過農奴制度之再不能延遲的廢止和封建徭役底解除——這是一種用極度狡猾的方式推行的制度，它使多數的農民以及貴族走向了必定的破產——，俄國政府自己把這種脫離歷史的狀態結束了（一八六一年）。因此，俄國農民目前所處的環境自身把他們推進運動中去，這個運動當然還在剛剛形成中，但是它由於農民大衆日漸惡化的經濟狀況會不停止地發展着。農民底怨憤的不滿，現在已經是政府以及一切不滿意者和反對黨所必須估計的事實了。

從這兒申引出，如果下面說到俄羅斯，那末，不是指俄羅斯帝國全部，而是專門指大俄羅斯，這個區域最西的省份是普斯可夫和斯姆倫司克，其最南省區是庫爾斯克和弗洛內斯。

在這個題目上，託卡秋夫先生告訴德國工人說，我在俄國問題上不但是『知識有限』，並且除了『無知』以外，一無所有，因此他感覺到有向他們解釋事情眞相的必要，特別是要解釋爲什麼目前在俄國易如反掌地比西歐還要容易得多地實行一個社會革命的理由。

　　『在我們這兒，沒有城市無產階級，這固然是眞的；正因爲如此，我們也沒有資產階級……我們的工作只需要同政治的力量作鬥爭——資本底力量在我們這兒還只是在萌芽中。而你，我的先生，總能懂得，和前者鬥爭要比和後者鬥爭容易得多。』

近代社會主義所期望的革命，簡而言之，其目的就在達到無產階級對資產階級的勝利，經過一切階級區分底消滅以建立新社會。這裏面不但要有一個進行這一運動的無產階級，而且還要有一個資產階級，在資產階級手裏，社會生產力已經發展到能使階級區分最終消滅的程度。在野蠻人與半野蠻人中間，通常也沒有階級區分，每個民族都經歷過這種狀況。重新建立這種狀況我

們是不能這樣幹的，因爲隨着社會生產力底發展，從這
種狀況中就必然出現了階級區分。只有在社會生產力達
到一定的甚至對於我們現代情況也還是一個很高的發展
水平的時候，生產才能提到這種高度，使階級區分底廢
除能夠成爲眞正的進步而且能夠持久，同時不致在社會
的生產方式中引起一種停頓或甚至退步來。然而生產力
是在資產階級手裏才達到了這樣的發展水平。因此，從
這一方面說來，資產階級如像無產階級本身一樣，是社
會主義革命底一個同樣必要的前提。那末，有一個人說
在一個國度裏易於進行這種革命，因爲這個國度裏雖沒
有無產階級，但也沒有資產階級，這只是證明了，他還
需要學一學社會主義底ＡＢＣ。

　　俄國工人——如託卡秋夫先生自己所說的，這些工
人是『農村工人，因此不是無產者，而是私有者』——
是較爲容易些，因爲他們不需要和資本底力量，而『只
需要和政治的力量作鬥爭』，和俄羅斯的國家作鬥爭，
而且這個國家『只有從遠處顯現爲一種力量……它在人
民底經濟生活裏沒有根基；它自身不代表任何階層底利
益……在你們那邊（指西歐——譯者），國家不是表面
的力量，它以兩條腿支持在資本之上；它本身（！）就
是某種經濟利益底化身……在我們這兒，這些情形恰好
相反——我們底社會形態都要感謝國家，所謂懸在空中

的國家，才有'它的存在，這個國家和現存的社會秩序沒有共同處，它底根基是在過去，而不是在現在』。

我們不必逗遛在這些紊亂的想像上：好像是經濟利益需要它們自己所創造的國家，以便保持一個化身，或者是停留在這種大胆的武斷上：認爲俄國社會形態（農民底公社財產制可是也屬在內），要感謝國家才有'它們底存在，或者是停留在這些矛盾上吧：說這個國家和現存的社會秩序，（現存社會秩序是這個國家自身的產物啊）無有共同處。最好，我們還是先看一看這個『懸在空中的國家』，這個不代表任何階層利益的國家吧。

在歐俄農民佔有一萬萬五百萬俄畝土地，貴族（這兒我用此作爲大地主的簡稱）佔有一萬萬俄畝土地，其中大約有一半屬於一萬五千個貴族，依此，他們每人平均佔有三萬三千俄畝。農民底土地只比貴族的土地稍微大一點。由此看來，貴族對於俄羅斯國家的存在竟沒有半點興趣，而這個國家却保障他們佔有半個國度。再者，農民從他們所有之半，每年繳納一萬九千五百萬盧布的地稅，貴族却只繳納—— 一千三百萬！並且，貴族底土地，平均都比農民底土地肥沃一倍，因爲在贖買封建徭役的調解當中，國家從農民手中 不但拿去了 最多的，而且拿去了最好的土地送給貴族；並且農民爲了這最壞的土地，還要付給貴族最好土地底價格＊。然而，

馬恩論俄國

俄國貴族對於俄羅斯國家底存在竟沒有興趣！

農民——從大多數來看——在贖買以後，陷入一種極端悲慘、完全不能忍受的境遇中了。不僅僅是人們從他們身中拿去了他們底土地之最大的和最好的部分，使農民土地在帝國底一切肥沃地區裏——以俄國的耕作狀況來說——都太小了，不夠他們在那塊土地上生活了。不僅僅是他們為了這塊土地算了一筆過大的價格，這筆錢由國家先替他們墊付，現在他們必須給國家以重利，並逐漸償還。不僅僅是土地稅底全部負担幾乎完全壓在他們身上，而貴族就幾乎完全不納稅——所以僅僅土地稅已經吞食了農民土地全部的地租價值，而農民所必須繳納的一切其他費用（關於這些費用，我們立刻便要談到），便是相當於他們勞動工資的收入中直接扣除的一部分。不僅這樣。不，在土地稅、國家墊款底利息和還本以外，自從新施行的地方行政以來，還加上了省稅與縣稅。這種『改良』之最主要的結果便是給農民加上了新的租稅負担。國家保持着'它的收入之全部，而把支出底大部分轉嫁於省和縣，於是省縣便規定出新稅，並且，在俄國照例是上等階層幾乎完全不納稅，而農民則

---

* 在『人民國家』上，恩格斯底原文中這兒還有一句：『只有在波蘭是例外，那兒的政府想破壞和它敵對的貴族而爭取農民。』

馬恩通信選集

幾乎繳納全部。

這樣一種環境像是給高利貸者造成的、俄國人在對
於下等經營，對於利用適當，生意機會以及對於和這些
事分不開的欺詐行爲上所特有的幾乎無可比擬的天才上
——彼得第一曾經說過，一個俄國人可以抵得過三個猶
太人——是處處都少不了高利貸者的。當納稅的期限要
到來時，高利貸者，富農——往往是本地區底一個富裕
的農民——就來了，拿出他底現錢來。農民無論如何是
要用這個錢的，他們沒有怨言地接受高利貸者底條件。
這樣，農民便更深地陷入困境中，他們就需要更多的現
錢，到收穫的時節，糧食商人來了，錢底需要迫得農民
只得賣出他和他的家庭爲糊口所必需的一部分糧食。糧
食商人散佈出謬誤的壓低價格的謠言來，給以很低的價
錢，甚至往往付給以一部分價格奇昂的貨品，因爲在俄
國物品償付制度也是非常發達的。一如所看到的，俄國
大量的糧食出口是完全直接建築在農民大衆底饑餓上
面。——另一種剝削農民的方法是這樣的：一個投機家
從政府那裏長年地租賃官地，只要它不施肥料還能得到
很好的收穫的時候，他就自己耕種；後來他就把它分成
許多小塊，把這些已經榨吸盡了的土地以很高的租價分
租給鄰近靠着自己的一塊份地不能生活的農民。正像上
述英格蘭的物品償付制度，這兒我們又有了愛爾蘭式的

馬恩論俄國

中間人。總而言之，沒有任何一個國度像俄國這樣，還在資產階級社會之最原始的簡略狀態時，資本主義的寄生制度竟有這樣發達，以致整個國度，整個人民羣衆全被它底網羅所包括與交織了。這個國家底法律和法庭都正保護他們的暴虐的厚利的實際，一切這些農民榨取者對於俄國底存在竟無有興趣嗎？

　　聖彼得堡、莫斯科、奧得沙的大資產階級，他們近十年來特別是由於鐵路之發展非常迅速發展起來，而在近來冒險年頭裏滑稽地『一起破產』了；糧食、大麻、亞麻和脂肪類底出口商，它們的全部生意都建築在農民底窮困上面，以及俄國的全部大工業，只有國家允諾給他們的保護關稅才保障了它們的存在；難道人民中一切這些顯著的而又迅速生長的分子對於俄羅斯國家底存在沒有興趣嗎？更不必說那無數的官吏羣，他們氾濫於全俄國，並且偷竊全國而在這兒造成了一個眞正的階層。如果現在託卡秋夫先生向我們保證說，俄羅斯的國家『在人民經濟生活中沒有根基，它本身不是任何階層利益底化身』它是『懸在空中的』。那末，在我們看來，懸在空中的好像不是俄羅斯的國家，而是託卡秋夫先生。

　　農奴解放以來，俄國農民底狀況已經是一種不能忍耐和不能持久的，現由於這個原因，革命在俄國已經在迫近了，這是很顯然的。問題只是，這次革命底結局將

馬　恩　通　信　選　集

是怎樣的？託卡秋夫先生說，'它將是一個社會的革命。這純粹是一句同語之反復。每一個眞正的革命都是社會的革命，'它把新的階級抬上了統治地位，允許這個階級按照自己底圖樣改變社會。但是，他底意思是說，這次革命將是一個社會主義的革命，這次革命將要把西歐社會主義所努力祈求的社會形態，在我們在西方還未達到這一目的以前就實行到俄國去———而且還是在無產階級和資產階級只是散漫的以及處在低級發展階段中的社會狀態中。這應該是可能的，因爲俄國人據說是社會主義底天生的人民，因爲他們有阿特爾制度和土地公有制。

託卡秋夫先生僅僅附帶提到的阿特爾，我們在這兒也要講一講，因爲，從赫爾森底時代起，就在一些俄國人中起了神祕的作用。阿特爾是一種在俄國很盛行的組合，'它是自由組合中最簡單的形式，像在遊獵民族中有狩獵的形式一樣。本字和字義都不是斯拉夫的，而是韃靼的起源。這二者一方面在季爾基森，亞庫特等等民族中，另一方面在拉盆薩莫耶頓和其他芬蘭民族中，都可以找到＊。所以阿特爾最初發展於北部和東部，卽在和芬蘭人與韃靼人接觸的地方，而不發展於西南部。冷酷的氣候使得各種的工業活動成爲必要，這樣，城市發展底以及資本底貧乏就儘可能地由組合的那種形式所補充了。———阿特爾之最顯著的特徵之一，在組合成員對抗

馬恩論俄國

第三者時彼此間聯帶一致的責任性，本來是建築在血族關係之上的，如古代日耳曼人中的『合法資產』（gew-ere） 血族復仇等等。——此外，阿特爾這個名詞在俄國不但用於每種合夥的行動上，並且用在每種合夥的機構上。在工人阿特爾裏面，總是選出一個頭目來，（卽所謂最長者），他執行會計，記帳員以及一切必要的職務，並且領取一筆專門的薪俸。這種阿特爾在下列情形中實行：

一，在暫時的企業中，企業完成後，隨卽解散；

二，在同一職業底成員中，例如挑夫等；

三，在原有工業的、長期的企業中。

阿特爾是經過一次由全體組合成員署名的契約而建立的，如果這時這些成員不能湊足必要的資本，這是常常發生的事，例如在乳酪業中和在捕魚業中（漁網、漁船等等的資本），於是這個阿特爾便落在高利貸者底手中，它以很高的利息墊出不敷之款，從這時起他便可以吞沒最大部分的勞動收獲品。可是，剝削得更無恥的却是又一種阿特爾，它當作整個的僱傭勞動人員僱傭給一個企業家。他們自己監督他們的產業活動，這樣，便節

　　＊　關於阿特爾等等，參看『關於俄國阿特爾材料的彙集』聖彼得堡一八·七三年出版。　　　　　　　　——恩格斯原註

省了資本家的管理費。後者（即指資本家——譯者）賃給成員們小屋作住所，並且給他們墊出生活資料，而這裏面又發展了那萬惡的物品償付制。在阿爾象介斯克省的伐木業和松油製造業中間，在西伯利亞的許多職業中間等等都是如此。（參看弗雷洛夫斯基著：『俄國工人階級狀況』一書，聖彼得堡，一八六九年出版）像這些情形，阿特爾底作用可以説，只是爲了大大便利資本家對於僱傭勞動者的剝削。但是另一方面，也有一種阿特爾，它們自己僱傭工人，而這些被僱傭的工人却正是這組合底成員。

這樣看來，阿特爾是一種自然生長的，因而還是一種很不發達的協同組合，這樣它絕不是專門俄羅斯的或專門斯拉夫的組合。這種組合，只要有需要存在時，什麼地方都形成了的。例如，瑞士的乳酪業，英國的捕魚業，這些組合都是種種不同的。在四十年代建造了那麼許多德國鐵路的席勒西亞底修路工人（是德國人，而非波蘭人），也完全是組織在阿特爾裏面的。在俄國這種形式底優勢固然證明了，俄羅斯人民中存在着強大的聯合動力，但是這還遠不能證明，他們用這種動力的幫助可以從阿特爾立刻跳到社會主義的社會秩序中去的能力。要想這樣，首先需要這種阿特爾本身先成爲能夠發展的，去掉它底那種自然生長的形態，如我們所看到的，那種自然生長的形態對工人是比對資本服務較少的，並且至少必須把自己提高到西歐協同組合底立場。然而，假使我們相信託卡秋夫先生一下（根據上面所說的，這當然是非常冒險的），那末，情形還決非如此。相反地，他用一種以他對於他的立場極端特殊的傲慢態度向我們說：

『關於那些按照德國（！）模型不久以前搬運到俄國來的協同組合和信用組合，是被我們工人底多數以完全漠然的態度來對待的，並且幾乎到處是失敗的。』

近代的協同組合至少證明了，它能按自己的打算有利地推行大工業（例如，蘭卡夏的紡織業）。阿特爾不但至今還沒有能力，並且，如果它不繼續發展的話，它在大工業的場合下甚至會必然沒落的。

俄國農民公社財產是一八四五年被普魯士政府顧問哈克斯陶森發現了，當作一些完全奇怪的東西向全世界喧揚起來，雖然哈克斯陶森在他自己的故鄉威斯伐倫也還能夠充分找到這種公社財產底殘餘，而他們政府官吏的地位是有責任應該仔細地認識它們的。從哈克斯陶森那兒，赫爾森（Herzen）——他自己是一個俄國地主——學到了，他的農民是共同佔有土地的，他抓住這個場合，把俄國農民描寫作社會主義之真正的負擔者，天生的共產主義者，和那些衰老的、腐朽的、先要人工地辛苦追求社會主義的西歐工人相反。這種認識從赫爾森傳給了巴枯寧，又從巴枯寧傳給了託卡秋夫先生，讓我們聽他說吧：

『我們的人民……在他的大多數中……是被公社財產底原則所貫串着，他們是，如果允許這樣措詞的話，本能的、傳統的共產主義者。集體財產底觀念和俄國人民底整個的世界觀（俄國農民底世界究竟達到怎樣程度，我們立刻可以看到）是這樣深刻地聯結在一起，現在政府開始感覺到，這種概念以一種『有秩序的』社會底原則是不能達到的，於是想以這種原則底名義，把私人財產底概念深印入國民意識和國民生活中去，它只能藉刺刀和皮鞭之助做到這一點。由此看來，很明顯的，俄國人民，不管他們的愚昧無知，要比西歐人民，雖他們是受過教育的，更接近於社會主義。』

實際上土地底公社財產制是一種制度，這從印度到愛爾蘭的一切印度日耳曼民族之低級發展階段裏以及在印度人影響下發展的馬來人當中，例如在爪哇，都能找到。還遠在一六〇八年，在新征服的愛爾蘭北部，那地方合法成立的土地公有制，就被英國人當做藉口，聲明那些土地沒有主人，而沒收這種無主的土地作爲皇家所有。在印度，直到今天還存在着公有財產底許多形式。在德國從前是普遍的；現在有些地方還存留的公社土地

馬 恩 論 俄 國

就是當年的遺跡，特別是在深山內常常還有公社土地明顯的痕跡，公社土地底暫時的分配等等。關於古代德意志有財產公有制之更明確的證明與詳情，可以在毛瑞爾（Maurer）底各種著作中讀到，那是在這一方面典型的作品。在西歐，包括波蘭和小俄羅斯在內，這種財產公有制在社會發展底一定階段上，成爲農業生產底一種桎梏，一種阻礙，而漸漸被消滅了。在大俄羅斯（即是說在俄國本部），相反地，它到今天還依然保存着，這首先得出了證明，這裏農業生產和與它相適合的農業社會狀況還是處在很不發達的階段上，事實上也是如此。俄國底農民只在自己的公社裏生活着與活動着；其餘的整個世界只有當和他底這個公社接觸的時候，對於他才是存在的。這種情況甚至是這樣的，在俄文裏米爾（Mir）這個字一方面是『世界』的意思，而另一方面又解釋作『農民公社』。全世界（Wes Mir）對於農民的就是公社社員底集會。因此，如果託卡秋夫先生說到俄國農民底『世界觀』，那末，他是顯然把俄文底米爾一字譯錯了。各個公社彼此間這種完全的隔絕，（這種隔絕在全國內是同一的）恰恰是創立了公共利益底反面，是對於東方專制政體底自然基礎，從印度到俄國，這種佔優勢的社會形態經常地產生了它，經常地在它裏面得到了補充。不僅一般地俄羅斯國家甚至它底特殊形式——沙皇

專制政體不是懸在空中的，而是俄國社會狀況之必要的
和邏輯的產物，根據託卡秋夫先生底意見，這種特殊形
式是與社會狀況『沒有半點共同處』的！俄國之向着資
產階級方面的繼續發展在這兒也漸漸地消滅了這種公社
財產，而不需要俄國政府用『刺刀和皮鞭』。這特別是
因爲俄國底公社土地不是由農民共同耕種而再來分配生
產品的，如像印度底一些地方還是這種情形一樣；相反
地，土地不時地分配給各個家長，每人耕種他自己的一
份地。因此公社社員中間財富上很大的差別是可能的，
而在事實上這種差別是存在的。差不多在他們當中，處
處都有幾個富裕的農民——有時是百萬富豪——他們作
爲高利貸者，吸取農民大衆底膏血。這誰也不如託卡秋
夫先先知道得更清楚了。當着他欺騙德國工人說，只有
用刺刀和皮鞭，才能驅除俄國農民——這些本能的、傳
統的共產主義者——底『集體財產的觀念』的時候，在
他的俄文小冊子第十五頁上，他却說：『在農民當中，
從農民的與貴族的土地底購買者與租佃者中生長出一種
高利貸者階級（富農）——一種農民貴族。』這正是我
們上面敍述過的，同類的吸血鬼。

　　給公社財產制度以最嚴重打擊的，仍然是農奴底解
放。貴族們分去了土地之最大的和最好的部分，給農民
剩下的剛剛只夠糊口或常常是不夠糊口。同時，森林分

給貴族了，以前農民可以在那兒自由採取作燃料用、作
工具用和建築用的木材，現在他必須用錢購買了。這
樣，農民現在只有他底房屋和一塊光地，沒有耕作的工
具，並且平均沒有使他和他的家庭從這一收穫期維持到
下一收穫期的足夠的土地。在這種情形之下，在租稅和
高利貸底壓迫之下，土地底公社財產制已不是什麼恩
惠，而成了一種桎梏。農民時常從公社中逃跑，他們攜
帶着或不帶着家屬，拋棄了他們的土地而去以流浪的工
人謀生＊。

我們看到公社財產制在俄國早已渡過了它的繁榮時
代，從各方面看來是已走向它的解體了。然而也不否認
地存在着一種可能性，它過渡到更高的社會形態如果在
各狀況成熟之前這種社會形態還能保持着，如果它能表
現出在這一方式內有發展的能力，卽是說農民今後不再
個別地、而是集體地耕作土地＊＊；俄國農民無需經過

＊　關於農民狀況，參看『政府農業生產委員會底正式報告』（一
八七三）；此外參看斯卡爾丁著：『在遼遠的邊疆與首都』，彼得堡一
八七〇年出版；後一著作是自由的保守主義者所著。

　　　　　　　　　　　　　　　　　　　　　　　——恩格斯原註

＊＊　在波蘭，尤其是在格婁德諾省，貴族經過一八六三年的暴動，已
大部崩潰了，農民現在經常購買與租賃貴族底土地，他們整塊地做為集
體產業來耕種。而這些農民幾百年來就沒有過公社財產，他們不是大俄
羅斯人，而是波蘭人，立陶宛人與白俄羅斯人。—— 恩格斯原註

馬 恩 通 信 選 集

資產階級的小財產制的中間階段，而過渡到這種更高的形態。然而這只有這樣才會實現，卽是假如在西歐還在公社財產制全部解體以前就勝利地完成了無產階級革命，而提供俄國農民爲這一過渡所必需的前提條件，特別是也提供在他們整個土地制度中實行必要聯繫之改革所必需的物質前提。因此，如果託卡秋夫先生說，俄國農民雖然是『有產者』，却比西歐無財產的工人『更接近社會主義』，那末，這些話只是純粹的吹牛。完全相反。如果有什麽東西還能挽救俄國的公社財產制，給它一個機會轉變成爲新的眞正能夠生活的形態，那末，這便是西歐的無產階級革命。

託卡秋夫先生把作政治革命如像作經濟革命那麽容易。他說：俄國人民對奴隸制度『不斷的抗議』用『宗敎派別底形態……抗稅……强盜團（德國社會黨之父是剝皮者，德國工人將會祝賀了）……放火……暴動……所以俄國人民可以稱爲本能的革命者』。因此，託卡秋夫先生便相信：『只是需要在許多地方同時喚醒那種在我們人民胸中沸騰着積累着的憤激與不滿情感。』於是『革命力量底團結便可以自動地形成，鬥爭……便會以有利於人民底事業來終結。實際的必要，自我保存底本能便會在抗爭的公社之下完全自動地達到一種堅固的、不能分裂的聯合』。

再不能想像一個比這樣更容易更洽意的革命了。只要同時在三四處地方發動，於是，『本能的革命者』，『實際的必要』，『自我保存底本能』，便都『自動地』幹起來。爲什麽在這樣兒戲般的容易之下，革命還沒有老早成功，人民得到了解放，把俄國變成了一個社會主義的模範地，這簡直是無從了解的。

事實上完全是另外一樣。俄國人民，這些本能的革命者，固然有過無數次反對貴族反對個別官吏的個別的農民暴動，但是從來沒有反對過沙皇，除非是一個假的沙皇自以爲首而宣佈登極的。卡妞琳娜二世時代，末一次的大規模的農民暴動之所以成爲可能，是因爲蒲加秋夫詐稱爲女皇底丈夫彼得第三，據說他並未被他底妻子謀殺，而是被廢去皇位幽禁起來，現在他逃了出來。恰恰相反，沙皇就是俄國農民底人間的上帝；上帝高，沙皇遠，這是他們的苦難的呼聲。但是，特別是自從農奴解放以來，農民大衆已經陷入這樣一種境遇，迫得他們漸漸反對政府和沙皇，這是毫無疑的；可是，關於『本能的革命者』的神話，讓託卡秋夫先生搬到別的地方去罷。

那末，卽使俄國底農民大衆是這樣本能的革命的，卽使我們假定，人們可以像定做一塊描花的紙片或是一把茶壺一樣地定做革命——就是這樣，我還要問：一個

馬 恩 通 信 選 集

十二歲以上的人是不是可以在上面所述的這樣絕頂幼稚的方式內來想像革命底過程呢？並且，再想一想，這些東西還都是在第一次按照巴枯寧底模型所製做的革命———一八七三年在西班牙——顯然地失敗了以後寫出來的！在那兒也是在好些地方同時幹起來的。在那兒也估計到，實際的必要，自我保存底本能，將會自動地在各個抗爭的公社間造成堅固的不可分裂的聯繫的。可是怎樣呢？每個公社，每個城市只是自己保衛自己，根本談不到互相援助，而巴未亞（Pavia）只用了三千個人，在十四天內就一個一個地把所有的城擊破了，於是就終結了整個的無政府主義的美觀。（參看拙著『巴枯寧主義者在工作中』，那書裏面有詳細的敍述）

無疑地俄國處在革命底前夜。財政已經混亂到了極點，捐稅底加重已經失去了效用，舊公債底利息要用新公債來償付了，而每次的新公債都遇到更大的困難；只能在建造鐵路的藉口下弄錢了。行政機構已經徹頭徹尾地腐敗了，官吏們不是靠薪俸，而是更系統地靠偷竊、賄賂與敲詐來生活了。全部農業生產———這是對於俄國最主要的———由於一八六一年的農奴解放，完全弄得混亂了：大規模的土地佔有沒有足夠的勞動力，農民們沒有足夠的土地，他們被捐稅壓死了，被高利貸者吮吸乾了；農業收穫一年比一年地減少。這一切都很吃力地，

馬 恩 論 俄 國

很勉强地，由東方專制制度結合在一起；這種專橫是我
們在西方簡直想像不到的；這種專制制度不但和進步的
各階級底見解，尤其是和迅速生長的大都市資產階級底
見解，一天比一天更走向顯然的矛盾；而且它的現在的
負担者自己已經迷誤了，它今天向自由主義做了某些讓
步，而明天又把這些讓步恐懼地收回了，這樣就更加失
去了自己的一切信用。同時，人民中那些集中在首都的
進步的階層中有了一種增進的認識：『這種情況是不會
持久的，革命已經就在眼前了』，同時他們有着一種可
以在一種安靜的、立憲的牀鋪上領導革命的幻想。在這
兒，革命底一切條件結合在一起了；這次革命由首都底
上層階級，甚至或者由政府自己來開始，由農民很快
地超過第一個憲法的階段繼續向前推進；這種革命對於
整個歐洲有着最高的重要性，因爲它將把全歐洲反動勢
力之最後的、至今尚未被觸動的預備軍一下子打得粉
碎。這次革命是一定要到來的。只有兩種事件可以使它
延緩下去：一種是僥倖戰勝土耳其或奧地利，但是這需
要有錢和有可靠的同盟；或者是——過早的暴動嘗試把
有產階級又趕到政府底懷抱中去。

后
记

"马克思主义经典文献传播通考"丛书经过三年多的立项、写作、编辑，终于呈现在广大读者面前。

"十月革命一声炮响，给我们送来了马克思列宁主义。"从此，以李大钊为代表的中国先进分子选择了这一思想并积极推动马克思主义政党的建立。中国共产党成立后，坚定地把马克思主义作为指导思想和理论基础，推动着中国革命、建设和改革事业不断胜利，推动着中华民族复兴伟业不断前行。2018年是马克思诞辰200周年，2020年是《共产党宣言》第一个完整中译本出版100周年，2021年是中国共产党成立100周年。在这样的背景下，我们推出了"马克思主义经典文献传播通考"，就是要探寻马克思主义经典文献是如何传入中国的；在传播过程中，无数前辈付出了怎样的努力和牺牲；这些经典思想又怎样与中国实际相结合、与中国文化相融合，从而成为指导中国革命和建设的强大思想力量。

辽宁出版集团和辽宁人民出版社秉承出版理想，担当出版使命，以强烈的主题出版意识，承担了这一重大出版工程的编辑出版工作；积极组建工作团队，配备优秀编辑力量，为此项出版工程的顺利推进提供了多维度保障。

在出版项目实施过程中，杨金海、李惠斌、艾四林三位主编以高度的责任意识、严谨的治学态度、扎实的学术功底和深厚的专业素养，为丛书的研究方向、学术内容、逻辑结构、作者选择、书稿质量把关等贡献了大量的智慧，是这套丛书得以顺利出版的根本保证。王宪明、李成旺、姜海波三位副主编全力配合丛书主编工作，为丛书的编写付出了大量心血。特别是常务副主编姜海波全身心投入丛书的编写工作，从丛书所附影印底本资料的搜集，到书稿编写的整体协调和联络，都精心负责，其认真的工作精神和勤奋的工作态度，令我们感动。原中央编译局的领导和研究人员为本丛书的出版作出了积极贡献。原副局长张卫峰在选题立项、主编人选的推荐和丛书的设计上给予热心指导；中央编译出版社原社长和龑先生和我们一起全力推动丛书的出版，贡献了智慧和力量。清华大学马克思主义学院作为项目的主持方，为项目的平台建设和未来学术发展提供了强有力的支持。每本书的作者都殚精竭虑、勤奋写作，奉献了自己的学术和研究成果，成就了如此大规模丛书的出版。我国理论界和翻译界的著名专家陈先达教授、赵家祥教授、宋书声译审等对丛书的出版给予鼎力支持，为丛书的出版立项积极推荐，给我们以巨大鼓舞。我们出版行业的老领导柳斌杰对丛书的出版给予大力支持，提出许多宝贵建议，提升了其出版价值。辽宁出版集团专家委员会的许多成员对该丛书的出版给予了智力和业务上的支持帮助。作为丛书的出版方，我们向他们表示深深的谢意！

　　一项浩大出版工程的背后，必定有一批人的智慧付出和竭诚奉献。今天，当出版成果摆在读者面前之时，我们由衷地向每一位对本丛书问世作出贡献的人致以崇高的敬意和诚挚的谢意。由于我们水平有限，在编辑出版过程中难免出现疏漏，还望广大读者批评指正。

编　者
2019年7月